Karl von Gemmingen-Fürfeld

Zur Lehre der Beleidigung Verstorbener

Karl von Gemmingen-Fürfeld

Zur Lehre der Beleidigung Verstorbener

ISBN/EAN: 9783845744766

Erscheinungsjahr: 2012

Erscheinungsort: Bremen, Deutschland

www.unikum-verlag.de | office@unikum-verlag.de

Bei diesem Titel handelt es sich um den Nachdruck eines historischen, lange vergriffenen Buches. Da elektronische Druckvorlagen für diese Titel nicht existieren, musste auf alte Vorlagen zurückgegriffen werden. Hieraus zwangsläufig resultierende Qualitätsverluste bitten wir zu entschuldigen.

Karl von Gemmingen-Fürfeld

Zur Lehre der Beleidigung Verstorbener

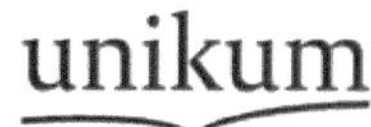

Zur Lehre der Beleidigung Verstorbener.

Inaugural-Dissertation,

zur

Erlangung der jurististischen Doktorwürde

bei der

Grossherzoglichen Universität in Heidelberg

von

Karl Freiherrn von Gemmingen-Fürfeld,
Kgl. Württ. Justizreferendär I. Klasse
zu Stuttgart.

BRESLAU 1905.
SCHLETTER'sche BUCHHANDLUNG
(Franck & Weigert)
Inhaber: A. Kurtze.

Seinem Vater in Dankbarkeit gewidmet.

Der Verfasser.

Inhalt.

III. Abschnitt.

Das Delikt des § 189 St.-G.-B. und seine strafrechtliche Behandlung.

Literatur-Verzeichnis

(nebst Angabe der gebrauchten Abkürzungen).

Abegg, im Archiv des Kriminalrechts, Neue Folge, 1844, S. 461 ff.

Amsler, Die Möglichkeit einer Injurie an Verstorbenen, 1871, (zit. „Amsler").

Arnold, Beschränkung der Deflorations-, Alimentations- und Injurienklage, 1851.

Berlich, Conclusiones practicabiles.

Berner, Lehrbuch des Deutschen Strafrechts, 1898, (zit. „Berner").

Binding, Handbuch des Deutschen Strafrechts, Bd. I, 1885.

— Lehrbuch des Deutschen Strafrechts, Bes Teil, Bd. 1, 1902.

Blum, Das Strafgesetzbuch für den Norddeutschen Bund, 1870.

v. Bülow, im Gerichtssaal, Bd. 46, S. 261 ff.

Carpzov, Practica nova.

Dochow, in v. Holtzendorff, Handbuch des Deutschen Strafrechts, 1874, Bd. III, S. 327 ff.

Entscheidungen des Reichsgerichts in Strafsachen, herausgegeben von Mitgliedern des Gerichtshofes und der Reichsanwaltschaft, (zit. „RG.").

Frank, Das Strafgesetzbuch für das Deutsche Reich, 1903, (zit. „Frank").

Freudenstein, das Recht der Ehrenkränkungen, 1884, (zit. „Freudenstein").

Gabler, Das Vergehen der sog. üblen Nachrede, 1892, (zit. „Gabler").

Gerber-Cosack, System des Deutschen Privatrechts, 1895.

Goltdammer, Archiv für Preußisches Strafrecht, Bd. XIII, S. 753 ff. und Bd. XV, S. 361 ff.

— Die Materialien zum Strafgesetzbuch für die Preußischen Staaten, 1852.

Hälschner, Das gemeine deutsche Strafrecht, 1881/87, (zit. „Hälschner").

— System des Preußischen Strafrechts, Bd. II, 1868.

Herbst, Die Beschimpfung Verstorbener, 1894 (zit. „Herbst").

Hertel, Der Wahrheitsbeweis bei Injurien, 1902, (zit. „Hertel").

Hess, Die Ehre und die Beleidigung des § 185 St.-G.-B., 1891, (zit. „Hess").

Hufnagel, Kommentar zum Strafgesetzbuch für das Königreich Württemberg, Bd. II, 1842.

John, in v. Holtzendorff, Rechtslexikon, 1880, „Beleidigung", S. 263 ff.

Kayser, in Strafrechtszeitung, Bd. XI, S. 568 ff.

Kettenacker, Das Verbrechen der Ehrverletzung, 1839.

Köstlin, Abhandlungen aus dem Strafrecht, 1854, (zit. „Köstlin").

— in Zeitschrift für Deutsches Recht, Bd. XV, S. 158 ff.

Kohler, in Goltdammer, Archiv für Strafrecht, Bd. 47, S. 1 ff.

Kratz, Der strafrechtliche Ehrbegriff und das passive Subjekt der Ehrverletzung, 1891, (zit. „Kratz").

Kronecker, im Gerichtssaal, Bd. 38, S. 481 ff.

Landsberg, Injuria und Beleidigung, 1886.

v. Lilienthal, in v. Holtzendorff, Rechtslexikon, „Wahrheitsbeweis", 1881, S. 1220 ff.

v. Liszt, Lehrbuch des Deutschen Strafrechts, 1903, (zit. „v. Liszt").

Löwe, Kommentar zur Strafprozeßordnung für das Deutsche Reich u. zum Gerichtsverfassungsgesetz u. s. w., 1904, (zit. „Löwe").

Merkel, Lehrbuch des Deutschen Strafrechts, 1889, (zit. „Merkel").

Meves, Die Strafgesetznovelle, 1876.

Meyer, H., Lehrbuch des Deutschen Strafrechts, 1895, (zit. „Meyer").

Mittermaier, in v. Groß, Strafrechtspflege in Deutschland, Bd. III, S. 353 ff.

Mumm, im Gerichtssaal, Bd. 48, S. 197 ff.

Olshausen, Kommentar zum Strafgesetzbuch für das Deutsche Reich, 1905, (zit. „Olshausen").

Oppenhoff, Das Strafgesetzbuch für das Deutsche Reich, herausgegeben von Delius, 1901, (zit. „Oppenhoff").

Osenbrüggen, Das Alamannische Strafrecht des Deutschen Mittelalters, 1860.

— Die Ehre im Spiegel der Zeit, (in Sammlung gemeinverständlicher wissenschaftlicher Vorträge, 1872, Heft 152.)

— Studien, 1868.

Reber, Die Antragsdelikte des Deutschen Strafrechts, 1873, (zit. „Reber").

Rechtsprechung des Reichsgerichts in Strafsachen, herausgegeben von Mitgliedern der Reichsanwaltschaft, (zit. „RGRspr.").

Rubo, Zur Lehre der Verleumdung, 1861.

Rüdorff, Das Strafgesetzbuch für das Deutsche Reich, herausgegeben von Stenglein, 1892, (zit. „Rüdorff").

Schütze, Lehrbuch des Deutschen Strafrechts, 1874, (zit. „Schütze").

Schwarze, im Archiv des Kriminalrechts, Neue Folge, 1854, S. 99 ff.

v. Schwarze, Kommentar zum Strafgesetzbuch für das Deutsche Reich, 1884, (zit. „v. Schwarze").

Siegel, Das Deutsche Erbrecht nach den Rechtsquellen des Mittelalters, 1853.

Stenglein, Kommentar zur Strafprozeßordnung u. zum Gerichtsverfassungsgesetz, 1898, (zit. „Stenglein").

— Sammlung der Deutschen Strafgesetzbücher, 1857/58.

Stenographische Berichte über die Verhandlungen des Reichstags des Norddeutschen Bundes, I. Legislaturperiode, Session 1870, Bd. II und Bd. III, Anlagen, (zit. „Sten. Ber., 1870, II., III. (Anl.)“).
Sydow, Darstellung des Erbrechts nach den Grundsätzen des Sachsenspiegels, 1828.
Temme, Lehrbuch des Preußischen Strafrechts, 1853, (zit. „Temme“).
Tittmann, Handbuch der Strafrechtswissenschaft und der Deutschen Strafgesetzkunde, 1823, (zit. „Tittmann“).
v. Volkmann, Der Begriff der Beleidigung, 1896, (zit. „v. Volkmann“).
v. Wächter, Deutsches Strafrecht, Vorlesungen, 1881, (zit. „v. Wächter“).
Wahlberg, in v. Holtzendorff, Handbuch des Strafrechts, 1874, Bd. III, S. 261 ff.
Weber, Ueber Injurien und Schmähschriften, 1820, (zit. „Weber“).
Wilda, Das Strafrecht der Germanen, 1842.

Berichtigungen.

S. 19, Zeile 17 der Anm. 2) lies vor „unzutreffenderweise!“ eine „(“.
S. 20, Zeile 6 von oben: statt „allegemeine“ lies „allgemeine“.
S. 29, Zeile 8 von unten: statt „Taler“ lies „Talern“.
S. 38, Zeile 3 der Anm. 1): statt „Gerichssaal“ lies „Gerichtssaal“.
S. 39, Zeile 11 der Anm. 1): statt „seiner“ lies „seine“.
S. 68, Anm. 2,: statt „Bericht“ lies „Berichte“.

§ 1.

Einleitung.

Vorstehende Abhandlung bezweckt Beiträge zu liefern zur Lehre der Beleidigung Verstorbener.

Das Reat, das den Gegenstand dieser Lehre bildet, besteht darin, daß eine Verachtungsäusserung mit Bezug auf einen Verstorbenen kundgegeben wird. Wäre derjenige, gegen welchen sich die Aeusserung richtet, noch am Leben, so würde zur Bezeichnung des Delikts ohne weiteres der Name „Beleidigung“ Anwendung zu finden haben. Bei Mißachtungskundgebungen gegenüber Verstorbenen ist aber das Wort „Beleidigung“ nicht ohne gewisse Vorsicht zu gebrauchen. Allerdings ist auch hier die Aeußerung ihrem Inhalte nach „beleidigender“ Natur, d. h. die Aeußerung für sich allein betrachtet, ist eine solche, wie sie sonst der Tatbestand der Beleidigung als Voraussetzung erfordert. Insofern mag auch hier auf die Aeußerung an sich der Name „Beleidigung“ unbedenklich Anwendung finden. Dagegen ist es bei streng objektiver Behandlung des Delikts nicht angängig, auch von einer „Beleidigung Verstorbener“ zu sprechen. Mit dieser Bezeichnung würde zugleich die Ehre des angegriffenen Verstorbenen als verletztes Rechtsgut hingestellt, sonach die passive Beleidigungsfähigkeit Verstorbener im voraus bejaht werden, während im neueren Recht das Objekt des Delikts überhaupt, insbesondere aber die Möglichkeit einer Ehrverletzung Verstorbener sehr bestritten ist. Mit Rücksicht hierauf ist bei wissenschaftlicher Behandlung des Delikts zu dessen Bezeichnung ein Name zu wählen, welchem eine gleichzeitige Vorentscheidung der soeben berührten Streitfrage nicht innewohnt. Am richtigsten wird man daher wohl von „Beleidigungen mit Bezug auf Verstorbene“ oder kürzer von „Beleidigungen gegen Verstorbene“ sprechen. Durch eine derartige Fassung wird zum Ausdruck gebracht, daß es sich um Aeußerungen handelt, deren objektiver Inhalt einen beleidigenden Charakter trägt, und deren Richtung gegen Verstorbene geht, während die Frage nach dem verletzten Rechtsgut vollständig dahingestellt bleibt.

Allein, wenn auch die Benennung des konkreten deliktischen Handelns als einer „Beleidigung Verstorbener“ zu verwerfen ist, so ist damit doch keineswegs ausgeschlossen, von einer „Lehre der Beleidigung Verstorbener“ zu reden. Hiemit wird keinerlei Urteil über das im Einzelfall betroffene Objekt des Delikts abgegeben, sondern lediglich der auf das Delikt bezüglichen Lehre als solcher ein Name beigelegt. Die Bezeichnung der letzteren als einer „Lehre der Beleidigung Verstorbener“ erscheint aber insbesondere deshalb als berechtigt, weil bei der Lehre über ein Delikt nicht nur der Standpunkt der geltenden, sondern auch derjenige des früheren Rechts in Betracht zu ziehen und der Ausgangspunkt der hier in Frage stehenden Lehre im römischen Recht zu suchen ist, in welchem die Beleidigungsfähigkeit Verstorbener ausdrücklich anerkannt wurde, demnach sogar in materieller Hinsicht von einer „Beleidigung Verstorbener“ gesprochen werden konnte.

Die Frage nach der strafrechtlichen Behandlung von Beleidigungen, die nach dem Tode einer Person mit Bezug auf letztere erfolgen, steht in nahem Zusammenhang mit derjenigen nach der strafrechtlichen Regelung solcher Beleidigungen, die zwar noch zu Lebzeiten eines nunmehr Verstorbenen begangen, gleichwohl eine Sühnung vor dem Tode des Beleidigten nicht mehr gefunden haben. Auf letztere Frage des näheren einzugehen, entspricht nicht dem eigentlichen Zweck vorstehender Abhandlung, immerhin mag aber auch sie an geeigneter Stelle kurze Berücksichtigung finden.

I. Abschnitt.

Rückblick auf die Geschichte.

§ 2.

Das römische Recht.

1. Im römischen Rechte ist die Frage, ob eine Beleidigung Verstorbener möglich sei, bejaht worden. Als Belege hiefür dienen hauptsächlich zwei im Corpus juris civilis enthaltene Stellen, nämlich l. 1 § 4 D. de injuriis et famosis libellis 47, 10 und l. 1 § 6 eod.[1])

Beide Stellen, die *Ulpian* zum Verfasser haben, bezwecken den Schutz der „existimatio" des Erblassers gegen Injurien. Die existimatio, d. i. der römischrechtliche Ehrbegriff, beruhte aber auf der Stellung des Einzelnen zum Staate und wurde nur demjenigen zugesprochen, welcher sich im Besitz des römischen Bürgerrechts befand.[2])

---

[1]) l. 1 § 4 D. de inj. et fam. lib. 47,10:

„Et si forte cadaveri defuncti fit injuria, cui heredes extitimus, injuriarum nostro nomine habemus actionem: spectat enim ad existimationem nostram, si qua ei fiat injuria. Idemque et si fama ejus, cui heredes extitimus, lacessatur".

l. 1 § 6 eod.:

„Quotiens autem funeri testatoris vel cadaveri fit injuria, si quidem post aditam hereditatem fiat, dicendum est heredi quodammodo factam (semper enim heredis interest defuncti existimationem purgare): quotiens autem ante aditam hereditatem, magis hereditati, et sic heredi per hereditatem adquiri . . . ."

Vergl. ferner auch l. 27 eod.

[2]) Callistratus definiert den Begriff der existimatio als „dignitas illaesae status legibus ac moribus comprobatus, qui ex delicto nostro auctoritate legum aut minuitur aut consumitur". (l. 5 § 1 D. de extraord. cogn. 50, 13). Vergl. auch Hälschner, Preuß. Strafrecht II, S. 198 ff.

Hieraus folgt, daß der Erblasser ein civis Romanus gewesen sein mußte, wenn ihm der Schutz der zitierten Stellen zukommen sollte.

Daß das römische Recht auch dem Verstorbenen noch eine „existimatio“ zusprach, kann nicht befremden. Dies erscheint vielmehr als eine folgerichtige Durchführung des im römischen Recht enthaltenen Gedankens, daß sich die Persönlichkeit des Verstorbenen in seinem Nachlaß fortsetze.[1])

2. Durch eine Verletzung der existimatio des Erblassers galt aber, wie sich aus den angeführten Quellenstellen ergibt, stets auch die existimatio des Erben als berührt. Ersterer wurde als unmittelbar, letzterer als mittelbar verletzt angesehen. Daß hinsichtlich des Erben nur eine mittelbare Beleidigung angenommen wurde, ergibt sich insbesondere aus der in l. 1 § 6 D. de inj. 47,10 enthaltenen Wendung „dicendum est heredi quodammodo factam (sc. injuriam)“.[2])

Der Grund für die Annahme einer gleichzeitigen mittelbaren Verletzung des Erben ist in dem Verhältnis zu erblicken, in welchem nach römischem Recht der Erbe zu dem Erblasser stand. Wie schon erwähnt, lebte nach römischrechtlicher Ansicht die Persönlichkeit des Erblassers in der Erbschaft fort. Der Erbe erschien aber auf Grund des im römischen Erbrecht herrschenden Prinzips der Universalsuccession als „successor in universum jus defuncti“[3]), weshalb mit der Erbschaft in ihrer Gesamtheit auch die durch diese Gesamtheit verkörperte Per-

---

[1]) § 2 I. de hered. instit. 2,14 („. . . . . nondum enim adita hereditas personae vicem sustinet, non heredis futuri, sed defuncti . . . .“).

l. 33 § 2 D. de acquir. rer. dom. 41,1 („Nam et condictio, quotiens servus hereditarius stipulatur vel per traditionem accipit, ex persona defuncti vires assumit . . . . .“) u. l. 34 eod. („hereditas enim non heredis personam, sed defuncti sustinet, ut multis argumentis juris civilis comprobatum est“).

Abweichend hievon, jedoch mit seiner Ansicht alleinstehend, bezeichnet Pomponius in l. 24 de novat. et delegat. 46,2 die hereditas jacens als Vertreterin des Erben.

[2]) Vergl. hiezu: Abegg, im Archiv des Kriminalrechts, 1844, S. 465; Schwarze, im Archiv des Kriminalrechts, 1854, S. 100 ff.; Goltdammer, Archiv für Preuß. Strafr., Bd. 15, S. 365 ff.; Weber, § 12, S. 194 ff.; a. M.: Amsler, S. 15, welcher eine unmittelbare Beleidigung des Erben annimmt.

[3]) l. 62 D. de div. reg. jur. ant. 50, 17.

sönlichkeit des Erblassers auf den Erben überging und von letzterem gewissermaßen fortgesetzt wurde. Infolgedessen bestand nach römischer Auffassung zwischen Erben und Erblasser eine durch den Vermögensübergang vermittelte Einheit der Person[1]), und dieses intime persönliche Verhältnis war es, das beim Vorliegen einer Injurie gegen den Erblasser zur Annahme einer, wenn auch nur mittelbaren Verletzung der Ehre des Erben führte. Letztere Annahme beruhte somit auf einem ähnlichen Gedanken wie die einer mittelbaren Beleidigung des Familienhauptes bei Beleidigungen eines Familiengliedes, des Verlobten bei Beleidigung seiner Braut. Auch in diesen Fällen war es das nahe persönliche Verhältnis, welches die Grundlage zur Annahme einer mittelbaren Beleidigung bildete.[2])

Daß abgesehen von dem regelmäßig vorliegenden Falle einer nur mittelbaren Beleidigung des Erben auch der Fall eintreten konnte, in welchem eine gegen den Erblasser gerichtete Injurie nicht nur diesen, sondern zugleich auch den Erben unmittelbar in seiner Ehre verletzte, bedarf keiner weiteren Ausführung.[3])

---

[1]) Nov. 48 praef.: „. . . . . . nostris videtur legibus unam quodammodo esse personam heredis et qui in eum transmittet hereditatem. . . . . .“

[2]) l. 1 § 3 D. de inj. 47, 10: „. . . . . spectat enim ad nos injuria, quae in his fit, qui vel potestati nostrae vel affectui subjecti sint.“

l. 1 § 5 eod.: „Usque adeo autem injuria, quae fit liberis nostris, nostrum pudorem pertingit. . . . . .“

l. 15 § 24 eod.: „Sponsum quoque ad injuriarum actionem admittendum puto: etenim spectat ad contumeliam ejus injuria, quaecumque sponsae ejus fiat.“

l. 2 C. de inj. 9, 35: „Injuriarum actio tibi duplici ex causa competit, cum et maritus in uxoris pudore et pater in existimatione filiorum propriam injuriam pati intelleguntur.“

[3]) Man denke z. B. an die Beschimpfung einer verstorbenen Ehefrau als „Ehebrecherin“. Hierin kann neben der gegen die Erblasserin gerichteten Beleidigung eine gleichzeitige unmittelbare Beleidigung ihres Sohnes und Erben insofern erblickt werden, als diesem zugleich illegitime Abstammung vorgeworfen wird.

In derartigen Fällen handelt es sich um sog. „ideales Zusammentreffen“ (im geltenden Recht § 73 St.-G.-B.) einer gegen den Erblasser und einer gegen den Erben gerichteten Beleidigung.

Unzutreffenderweise wird häufig diese aus dem Inhalt der Beleidigung sich ergebende gleichzeitige Beleidigung als „mittelbare“ Beleidigung bezeichnet (so z. B. Meyer, Lehrbuch, S. 519, sowie das Allgemeine Landrecht für die Preußischen Staaten v. J. 1794, Teil II § 568, vergl. unten S. 19, Anm. 2).

3. Als Beispiele für Injurien gegen Verstorbene nennen die Quellen einerseits solche, welche sich gegen das Leichenbegängnis (funus) oder gegen den Leichnam (cadaver) des Verstorbenen richten, andererseits aber auch solche, durch welche sein Ruf (fama) angegriffen wird.[1]) Unter Injurien der ersteren Art sind aber ohne Zweifel nicht nur Real-, sondern auch Verbal-,[2]) sowie symbolische Injurien[3]) zu verstehen. Es konnten somit nach römischem Recht neben den im heute geltenden Recht als „üble Nachrede“ bezw. als „Verleumdung“ unter Strafe gestellten Aeußerungen auch alle diejenigen sich gegen Verstorbene richtenden Kundgebungen verfolgt werden, welche als sogenannte „einfache“ oder „formale Beleidigungen“ bezeichnet werden.

4. Was die subjektive Seite des Delikts anbelangt, so ist die Frage, ob der Täter von dem Tode der angegriffenen Person Kenntnis gehabt haben müsse, hinsichtlich des Eintritts der Ehrverletzung des Erblassers zu verneinen, da die existimatio von dem Tode ihres Trägers in keiner Weise berührt wurde.

Anders liegt der Fall hinsichtlich des Eintritts einer mittelbaren Beleidigung des Erben. Eine solche konnte dem Beleidiger des Erblassers nur dann zur Last fallen, wenn er zur Zeit der Beleidigung von dem Tode des Erblassers und dem Bestehen eines erbschaftlichen Verhältnisses Kenntnis hatte, wobei jedoch nicht erfordert wurde, daß ihm der Erbe auch als konkrete Persönlichkeit bekannt war. Dies folgt aus den hier analog anzuwendenden Digestenstellen l. 18 §§ 4, 5 D. de inj. 47,10[4]) u. l. 1 § 8 eod.[5]) [6])

---

[1]) l. 1 § 4 D. de inj. et fam. lib. 47, 10 und l. 1 § 6 eod. (s. oben S. 3, Anm. 1).

[2]) Z. B. am Grabe des Verstorbenen ausgerufene Schimpfworte.

[3]) Z. B. das Anbringen einer beleidigenden bildlichen Darstellung am Grabe.

[4]) l. 18 § 4 de inj. 47, 10: „At cum aliquis filium familias patrem familias putat, non potest videri injuriam patri facere, non magis quam viro, si mulierem viduam esse credat, quia neque in personam eorum confertur injuria nec transferri personae putationem ex persona filiorum ad eos potest, cum affectus injuriam facientis in hunc tamquam in patrem familias consistat.“

l. 18 § 5 eod.: „Quod si scisset filium familias esse, tamen, si nescisset, cuius filius esset, dicerem, inquit, patrem suo nomine injuriarum agere posse: nec minus virum, si ille nuptam esse sciret: nam qui haec non ignorat, cuicumque patri, cuicumque marito per filium, per uxorem vult facere injuriam.“

5. Die Verfolgung von Beleidigungen gegen Verstorbene geschah im römischen Recht durch Erhebung der actio injuriarum durch den Erben. Als Klage aus einem Privatdelikt mußte die a. injuriarum im Zivilprozesse erhoben werden. Das Klage-Petitum war auf eine an den Erben zu zahlende Geldsumme zu richten. Da aber die a. injuriarum eine sogen. a. aestimatoria war, so war es dem Erben als Kläger überlassen, die Schwere der Ehrenkränkung selbst abzuschätzen und eine dementsprechende Geldsumme zu verlangen. Doch stand, wenn die geforderte Summe eine unverhältnismäßig hohe war, dem judex die Befugnis zu, eine angemessene Herabsetzung vorzunehmen.[1])

In späterer Zeit konnten Injurien — somit auch solche, welche sich gegen Verstorbene richteten — außer mit der eben genannten Zivilklage auch mit einer Kriminalklage verfolgt werden. Den Anfang in dieser Richtung machte die lex Cornelia de injuriis, indem sie für bestimmte Fälle schwererer Injurien die Kriminalklage zuließ[2]), bis schließlich in allen Fällen letztere wahlweise neben der Zivilklage gewährt wurde.[3])

Eine Verfolgung von Beleidigungen Verstorbener durch den Erben war nach römischem Recht aber nicht nur in dem wohl regelmäßig gegebenen Falle, in dem die Injurie erst nach der „hereditatis aditio“ erfolgte, sondern auch dann gestattet, wenn die Injurie noch in der Zeit vor dem Erbschaftsantritt erfolgt war.[4]) In letzterem Falle konnte zwar nicht wie bei schon erfolgtem Erbschaftsantritt eine gleichzeitige mittelbare Verletzung der Ehre des Erben (s. ob. S. 5 f.) angenommen werden, denn erst durch den Akt des Erbschaftsantritts wurde zwischen Erben und Erblasser das intime persönliche Verhältnis geschaffen, auf Grund dessen die Annahme einer gleichzeitigen mittelbaren Beleidigung des Erben gerechtfertigt erschien. Eine gegen den Erblasser gerichtete Injurie konnte daher hier lediglich die durch

---

[5]) l. 1 § 8 eod.: „Sive autem sciat quis filium meum esse vel uxorem meam, sive ignoraverit, habere meo nomine actionem Neratius scripsit.“

[6]) Vergl. hiezu auch Weber, § 12, S. 196 ff.

[1]) § 7 I. de inj. 4, 4; l. 17 § 5 D. de inj. et fam. lib. 47, 10.

[2]) § 8 I. eod.

[3]) § 10 eod.: „In summa sciendum est de omni injuria eum, qui passus est, posse vel criminaliter agere vel civiliter . . . . .“

[4]) l. 1 § 6 D. de inj. 47, 10 (vergl. ob. S. 3, Anm. 1).

die hereditas jacens verkörperte Persönlichkeit des letzteren berühren. Da aber die hereditas mit Antritt der Erbschaft durch den Erben in ihrer Gesamtheit auf diesen überging und der Erbe die Persönlichkeit des Erblassers gewissermaßen fortsetzte, so ging auch das bei erfolgter Beleidigung des Erblassers in der hereditas jacens enthaltene Klagerecht gleichsam als Vermögensbestandteil auf den Erben über. Machte der Erbe von dem überkommenen Klagerecht Gebrauch, so geschah dies — da nach dem Ausgeführten eine mittelbare Beleidigung des Erben hier nicht in Frage stehen konnte — lediglich im Hinblick auf die Verletzung der existimatio des Erblassers.[1])

Wenn aber der Erbe, ohne selbst mittelbar verletzt zu sein, ein Klagerecht aus einer noch während des Bestehens der hereditas jacens erfolgten Beleidigung des Erblassers hatte, so mußte ihm dieses Recht um so mehr auch dann zustehen, wenn die Ehrverletzung des Erblassers erst nach der hereditatis aditio erfolgte, der Täter den Erblasser aber irrtümlicherweise noch am Leben glaubte, somit nur mangels des erforderlichen Dolus (s. oben S. 6) nicht auch zugleich die existimatio des Erben als in strafbarer Weise berührt angesehen werden konnte. Mit Rücksicht hierauf ist die oben gemachte Unterscheidung, ob der Dolus des Täters die Annahme einer gleichzeitigen mittelbaren Beleidigung des Erben rechtfertigte oder nicht, ohne praktische Bedeutung.

6. Als zur Klagerhebung berechtigt nennen die Quellen nur den Erben des Verstorbenen. Selbst wenn der Erbe zu dem Erblasser in keinem verwandtschaftlichen Verhältnisse stand, kam ihm dieses Recht auch gegenüber hinterbliebenen Verwandten in ausschließlicher Weise zu, da der Erbe zufolge der zwischen ihm und dem Erblasser bestehenden persönlichen und vermögensrechtlichen Einheit in Verbindung mit der seinem Erblasser geschuldeten Pietät allein ein Interesse an der Verfolgung von Beleidigungen des Verstorbenen zu haben schien.

Entgegen dieser Ansicht, wonach allein dem Erben die Verfolgung von Beleidigungen des Erblassers zukam, wird aber auch die Auffassung vertreten, daß nicht nur dem Erben sondern auch

[1]) Insofern trifft der von Rubo, S. 142, aufgestellte Satz: „So sind auch die sog. Injurien wider Verstorbene der römischen Rechtsanschauung gemäß gerade nur als gleichzeitige Injurien gegen den Erben strafbar“ nicht zu.

dem Sohne des Verstorbenen und zwar diesem unabhängig davon, ob er Erbe war oder nicht, das Recht der Klagerhebung zugestanden habe.[1])

Dieses nicht von der Erbenqualität abhängige Klagerecht des Sohnes wird unzutreffenderweise aus l. 10 D. de sepulcro violato 47,12[2]) in Verbindung mit l. 20 § 5 D. de acquir. vel om. hered. 29,2[3]) abzuleiten versucht.

Die beiden zitierten Stellen besagen, daß ein „heres necessarius" (worunter in erster Linie der filius als „suus heres" zu verstehen war) berechtigt sei, die actio sepulcri violati zu erheben, auch wenn er sich noch nicht in Ausübung seines Erbrechts mit dem Nachlaß befaßt habe („cum se bonis non miscuisset"), und ferner, daß allein in der Erhebung dieser actio eine Einmischung in den Nachlaß noch nicht zu erblicken sei, da hiemit mehr die Erlangung einer Genugtuung als die Verwirklichung eines zur hereditas gehörenden vermögensrechtlichen Anspruches bezweckt werde.

Hieraus wird nun zunächst von den Gegnern der hier vertretenen Ansicht gefolgert, daß beide Stellen in analoger Weise[4]) haben Anwendung finden müssen, wenn die existimatio des Erblassers verletzt worden sei, d. h. daß in diesem Falle der filius familias die a. injuriarum auch ohne vorherige Betätigung seines Erbrechts durch ein „immiscere se bonis" habe anstrengen

---

[1]) So: Abegg, a. a. O., S. 470 ff.; Schwarze, a. a. O., S. 101; Goltdammer, a. a. O., S. 365.

[2]) l. 10 D. de sepulcro violato 47, 12: „Quaesitum est, an ad heredem necessarium, cûm se bonis non miscuisset, actio sepulcri violati pertineret. Dixi recte eum ea actione experiri, quae in aequum et bonum concepta est: nec tamen si egerit, hereditarios creditores timebit, cum etsi per hereditatem obtigit haec actio, nihil tamen ex defuncti capiatur voluntate, neque id capiatur, quod in rei persecutione, sed sola vindicta sit constitutum."

[3]) l. 20 § 5 D. de acquir. vel om. hered. 29, 2: „Si sepulcri violati filius aget quamvis hereditarii, quia nihil ex bonis patris capit, non videtur bonis immiscere: haec enim actio poenam et vindictam quam rei persecutionem continet".

[4]) Das crimen sepulcri violati wurde im römischen Recht als ein crimen extraordinarium und nicht als ein Fall einer „Injurie gegen Verstorbene" angesehen. Es konnte daher auch die a. sepulcri violati nicht, wie man sonst etwa hätte annehmen können, lediglich als eine Art der a. injuriarum erscheinen. Hieraus folgt aber weiter, daß eine eventuelle Anwendung der erwähnten Gesetzesstellen auf die a. injuriarum nur im Wege der Analogie zu rechtfertigen war.

dürfen, sowie daß die Geltendmachung der Injurienklage an sich noch nicht als ein „immiscere“ angesehen worden sei.

Mag nun immerhin diese analoge Anwendung der beiden Gesetzesstellen als zutreffend anerkannt werden, da auch die a. injuriarum wie die a. sepulcri violati ihrem Wesen nach auf Genugtuung und nicht auf Verfolgung eines Vermögensinteresses gerichtet war, so kann doch dem weiteren aus diesen Stellen gezogenen Schlusse, daß der filius familias, auch ohne Erbe geworden zu sein, bei Beleidigung seines verstorbenen parens das Recht zur Erhebung der a. injuriarum gehabt habe, nicht beigepflichtet werden. Die Vertreter der Gegenansicht scheinen hier von der unrichtigen Voraussetzung auszugehen, daß in den zitierten Stellen das „bonis se immiscere“ im Sinne von „hereditatem adire“ gemeint und daß daher der Sohn vor dem „immiscere“ noch nicht Erbe geworden sei. Hiebei wird aber offenbar übersehen, daß beide Quellenstellen einen „heres necessarius“ im Auge haben, der (im Gegensatze zu einem „heres extraneus“) nicht erst durch eine „aditio hereditatis“ Erbe wurde, sondern „ipso jure“ sofort mit dem Tode des pater familias.[1]) Diese einmal erlangte Erbenqualität konnte nicht wieder verloren werden, auch dadurch nicht, daß der heres necessarius es späterhin unterließ „bonis se immiscere“, denn im römischen Recht galt der Satz: „semel heres semper heres“.[2]) Das „bonis se immiscere“ war für den Sohn als heres necessarius vielmehr nur insoweit von Bedeutung als er hiedurch das ihm sonst vom Prätor gewährte „beneficium abstinendi“ verlor und demzufolge den Erbschaftsgläubigern gegenüber für die Nachlaßverbindlichkeiten einzustehen hatte.[3]) Hieraus folgt aber, daß in den beiden zu Gunsten der Gegenansicht zitierten Quellenstellen der Sohn bei Erhebung der Klage zugleich auch in seiner Eigenschaft als Erbe auftritt, und daß der Zweck beider Stellen im wesentlichen nur auf eine Entscheidung der Frage hinausläuft, ob durch die

---

[1]) l. 14 D. de suis et legitimis heredibus 38, 16: „In suis heredibus aditio non est necessaria, quia statim ipso jure heredes existunt“.

[2]) l. 7 § 10 D. de min. 4, 4: „. . . . . heres manebit, qui semel extitit“.

l. 30 § 10 D. de fideicom. libert. 40, 5: „. . . . non est sine herede, qui suum heredem habet licet abstinentem se“.

[3]) l. 57 pr., l. 71 §§ 3, 4 u. 5, l. 87, l. 91 D. de acquir. vel om. hered. 29, 2.

Klagerhebung schon eine Einmischung des Sohnes (als heres necessarius) in die Erbschaft und hiemit eine unbeschränkte Haftung desselben für die Nachlaßverbindlichkeiten angenommen werden dürfe oder nicht.

Es können sonach die angeführten Stellen nicht als Belege dafür verwendet werden, daß der Sohn wegen Verletzung der existimatio seines verstorbenen parens die a. injuriarum auch unabhängig von seiner Erbeneigenschaft zu erheben berechtigt gewesen sei.

Ueberdies sagt *Papinian*, der Verfasser der ersten der beiden zitierten Stellen, gerade mit Bezug auf die gewährte actio und zwar in derselben Stelle: „......... cum etsi per hereditatem obtigit haec actio ......" Auch Papinian hat hienach den Klageberechtigten zugleich in seiner Eigenschaft als Erben vor Augen gehabt.[1])

Anhang zu § 2.

Strafbarkeit der noch zu Lebzeiten eines Verstorbenen erfolgten Beleidigungen.

Wegen Injurien, die der Verstorbene noch vor seinem Tode erlitten hatte, stand nach römischem Recht dem Erben ein Klagrecht regelmäßig nicht zu, denn die a. injuriarum war als eine a. vindictam spirans[2]), bezw. als eine a. poenalis weder activ noch passiv vererblich. Nur dann, wenn noch zu Lebzeiten der Parteien Klage erhoben und die litis contestatio vollzogen worden war, trat die Ausnahme ein, daß die a. injuriarum sowohl auf als gegen den Erben überging[3]). War der Erblasser erst nach erfolgter litis contestatio gestorben, so konnte also der Erbe auch Sühnung einer seinem Erblasser noch bei dessen Lebzeiten zugefügten Ehrverletzung erreichen, indem er die von dem Verstorbenen noch selbst erhobene Klage weiterführte.

---

[1]) Vergl. auch Rubo, S. 143 ff.

[2]) l. 10 D. de sepulcro violato 47, 12; l. 20 § 5 D. de acquir. vel om. hered. 29, 2 (vergl. ob. S. 9, Anm. 2 und 3).

[3]) l. 13 pr. D. de inj. 47, 10: „Injuriarum actio neque heredi neque in heredem datur. . . . . ." „Semel autem lite contestata hanc actionem etiam ad successores pertinere."

Vergl. ferner l. 1 § 1 D. de privatis delictis 47, 1, sowie l. 10 § 2 D. si quis cautionibus 2, 11.

§ 3.
Das ältere deutsche Recht.

1. Die germanischen Rechtsquellen überliefern uns keinerlei Anhaltspunkte dafür, daß das germanische Recht die Möglichkeit einer Beleidigung Verstorbener anerkannt hätte. Auch finden sich keine Bestimmungen darüber, daß beleidigende Aeußerungen gegen Verstorbene, wenn auch nicht gerade wegen Verletzung der Ehre Verstorbener, so doch unter irgendwelchen anderen kriminellen Gesichtspunkten mit Strafe belegt worden waren. Beim Schweigen des Gesetzes kann aber auch nicht etwa angenommen werden, daß die strafrechtliche Regelung von Beleidigungen gegen Verstorbene eine ähnliche war wie im römischen Recht. Eine solche Annahme wäre schon deshalb als ausgeschlossen zu erachten, weil das römischrechtliche Prinzip der Universalsuccession und das hiedurch vermittelte Fortleben der Persönlichkeit des Erblassers dem deutschen Recht unbekannt war, nach welch letzterem vielmehr mit dem Tode einer Person deren Vermögen in seine einzelnen Bestandteile auseinanderfiel.[1]) Somit fehlte es im germanischen Recht zu einer dem römischen Recht entsprechenden Konstruktion des Fortbestehens der Persönlichkeit des Verstorbenen an einer wesentlichen Voraussetzung. Ist aber nach dem germanischen Recht schon die Annahme eines Fortbestehens der Persönlichkeit des Verstorbenen, wie sie das römische Recht aufweist, nicht zu begründen, so kann auch an eine den römischrechtlichen Bestimmungen über Beleidigungen gegen Verstorbene analoge Regelung im germanischen Recht nicht gedacht werden.

Der Umstand, daß das germanische Recht eine Bestimmung über beleidigende Aeußerungen gegen Verstorbene nicht enthält, dürfte aber seinen inneren Grund wohl nicht zum wenigsten in dem Wesen des deutschrechtlichen Ehrbegriffs finden. Die Ehre wurde im germanischen Recht lediglich nach der auf Unbescholtenheit gegründeten sittlichen Würde beurteilt, wobei die an den Einzelnen gerichteten sittlichen Anforderungen nach seiner Stellung in der menschlichen Gesellschaft bemessen wurden.

---

[1]) Vergl. Sydow, Darstellung des Erbrechts, S. 32 ff.; Siegel, Deutsches Erbrecht, S. 76 ff., S. 160 ff.; Gerber-Cosack, Deutsches Privatrecht, S. 515 ff.

Während der römischrechtliche Begriff der „existimatio“, auf der Stellung des Einzelnen zum Staate beruhend, mehr politischer Natur war, trug hienach der germanische Ehrbegriff mehr einen sozialen Charakter.[1]) Von einer sozialen Stellung einer Person kann man indes nur solange sprechen, als sie der menschlichen Gesellschaft angehört. Da aber der Verstorbene mit seinem Tode aus der menschlichen Gesellschaft ausgeschieden ist, somit keine soziale Stellung mehr einnimmt, so konnte ihm auch vom germanischen Recht der Besitz von Ehre nicht mehr zuerkannt werden. War daher bei Beleidigungen gegen Verstorbene eine Ehrverletzung der letzteren ausgeschlossen, ein Schutzbedürfnis in dieser Hinsicht also nicht gegeben, so ist es sehr wohl denkbar, daß das germanische Recht eben im Hinblick hierauf es absichtlich unterlassen hat, beleidigende Aeußerungen gegen Verstorbene unter Strafe zu stellen, indem es etwaige andere, durch solche Aeußerungen berührte Rechtsschutzinteressen zur Schaffung einer besonderen Strafbestimmung nicht für schwerwiegend genug erachtete.[2])

2. In ausführlicher Weise beschäftigten sich die deutschen Rechtsquellen des Mittelalters mit der Lehre über Ehrverletzung. Die Entwickelung dieser Lehre war allerdings infolge des zerrissenen Rechtszustandes im mittelalterlichen Deutschland eine sehr verschiedene, hatte doch sogar eine große Anzahl von Städten für sich und ihren Bereich selbständige Kodifikationen geschaffen. Vor allem sind es aber gerade diese Stadtrechte, welche sich mit der Regelung des Delikts der Beleidigung eingehend befaßt haben, was regelmäßig in der Art zu geschehen pflegte, daß in konkreter Weise Kundgebungen, die als ehrenkränkend angesehen werden sollten, aufgezählt wurden.[3]) Vergeblich sucht man jedoch auch hier nach Bestimmungen, welche beleidigende Aeusserungen gegen Verstorbene unter Strafe stellen.[4])

[1]) Vergl. Wilda, Strafrecht der Germanen, S. 775 ff.; Hälschner, Preuß. Strafrecht II, S. 204 ff.; Köstlin, S. 10 ff., sowie in Zeitschrift für Deutsches Recht, Bd. 15, S. 158 ff.

[2]) So auch Köstlin, in Zeitschrift für Deutsches Recht, Bd. 15, S. 221.

[3]) Vergl. Wilda, a. a. O.; Osenbrüggen, Alamannisches Strafrecht, S. 243 ff.; Köstlin, in Zeitschrift für Deutsches Recht, Bd. 15, S. 158.

[4]) Auch die Peinliche Gerichtsordnung Karls V. von 1532 enthält noch keine Strafvorschrift in diesem Sinne.

Da aber im mittelalterlichen deutschen Recht der Begriff von „Ehre“ derselbe geblieben war wie im germanischen Recht, so dürften auch hier bei dem Versuche, das Fehlen derartiger Strafbestimmungen zu erklären, dieselben Mutmaßungen, wie sie oben für das germanische Recht aufgestellt wurden, Platz greifen.

§ 4.

Das gemeine deutsche Recht in der Zeit nach der Reception des römischen Rechts.

1. Die Reception der im römischen Recht aufs sorgfältigste entwickelten Injurienlehre war in Deutschland vor allem dadurch erleichtert, daß das deutsche Recht in dieser Hinsicht jeglicher einheitlichen Regelung ermangelte.[1]) So kam es, daß schon bald nach der Reception des römischen Rechts im gemeinen deutschen Recht die römische Injurienlehre als allein maßgebend bezeichnet wurde. Besonders waren es auch die sächsischen Kriminalisten des siebzehnten Jahrhunderts (unter Führung von *Benedikt Carpzov*, 1595 bis 1666), welche für diese Lehre eintraten.[2])

Trotz der Reception der römischen Injurienlehre vermochte sich aber der römischrechtliche Ehrbegriff der „existimatio“ in Deutschland nicht einzubürgern. Der römische, auf dem öffentlichrechtlichen Verhältnis des Einzelnen zum Staate basierende Ehrbegriff erschien für die damaligen Verhältnisse und Anschauungen nicht mehr anwendbar. Auch wurde das römische Recht nach seinem Eindringen in Deutschland großen Teils nicht unmittelbar aus den Quellen, sondern aus den Schriften der mittelalterlichen italienischen Kriminalisten geschöpft, und schon diese hatten sich mehr der deutschrechtlichen Auffassung des Begriffs „Ehre“ angeschlossen.[3]) Es wurde also in Deutschland nach wie vor bei Beurteilung der Ehre diejenige sittliche Würde in Betracht gezogen, welche sich aus der Stellung des Einzelnen in der menschlichen Gesellschaft ergab.

2. Für das vorstehender Abhandlung zu Grunde liegende Delikt war die Reception der römischen Injurienlehre insofern

---

[1]) Vergl. oben § 3 a. E.

[2]) Carpzov, Practica nova, pars II, qu. 94—100; Berlich, Conclusiones practicabiles, pars V, concl. 59—70.

[3]) Vergl. Hälschner, Preuß. Strafrecht, Bd. II, S. 224.

von Bedeutung, als Beleidigungen gegen Verstorbene nunmehr auch im deutschen Recht Berücksichtigung fanden. Dies ist umso bemerkenswerter, weil das römische Recht bei Bestrafung von Injurien gegen Verstorbene in erster Linie davon ausging, daß die Ehre des Verstorbenen selbst verletzt worden war, während nach deutschem Recht infolge des ihm eigenen, auch nach der Rezeption des römischen Rechts bewahrten Ehrbegriffs die Verletzung der Ehre eines Verstorbenen ausgeschlossen erscheinen mußte.[1]) Wenn nun trotzdem auch nach deutschem Recht Beleidigungen gegen Verstorbene mit Strafe belegt wurden, so mußte hiefür notwendigerweise ein anderes Rechtsschutzinteresse als die Ehre des Verstorbenen anerkannt worden sein. Für die Richtigkeit dieser Folgerung sprechen insbesondere auch die ältesten uns vom deutschen Recht überlieferten Bestimmungen über Beleidigungen gegen Verstorbene. Es sagen nämlich die Statuten der Gemeinden von Fürstenau und Ortenstein, im Domleschg (Graubünden), erneuert 1702, und ähnlich die Satzungen der Graubündener Landschaft und Gemeinde Avers, erneuert 1622, unter der Rubrik „Totenschmähen“: „Item ist es auch gesetzt, daß niemand dem anderen seine abgestorbene Freund oder wie sie ihm angehören möchten, weder schmähen noch vorwürflich anziehen solle, obschon der Abgestorbene mit etwas Laster oder Mangel behaftet gewesen wäre. Wer solches übersiht, soll gestraft werden nach Obrigkeits Erkanntnuß.“[2]) [3]) Aus der Fassung „dem anderen seine abgestorbene Freund usw.“ folgt in unverkennbarer Weise, daß die Strafvorschrift nicht zum Schutze des Verstorbenen selbst, geschweige denn zum Schutze seiner Ehre, sondern vielmehr mit Rücksicht auf den Ueberlebenden gegeben war, welch letzterer durch Beleidigungen gegen einen ihm persönlich nahestehenden Verstorbenen als verletzt erschien.

---

[1]) Vergl. oben S. 12 f.

[2]) Vergl. Osenbrüggen, Alamannisches Strafrecht, S. 243 ff.,
— Studien, S. 15,
— Die Ehre im Spiegel der Zeit, S. 11 f.

[3]) Auffallend ist die Unerheblichkeit des Wahrheitsbeweises („obschon der Abgestorbene mit etwas Laster oder Mangel behaftet gewesen wäre“). In den beiden genannten Gesetzgebungen fand demnach der Satz „de mortuis nil nisi bene“ die umfassendste Berücksichtigung.

§ 5.

Das spätere gemeine deutsche Recht und die Strafgesetzgebungen der deutschen Einzelstaaten vor Entstehung des Reichsstrafgesetzbuches.

1. Die übernommenen römischrechtlichen Grundsätze über Beleidigungen gegen Verstorbene bildeten im späteren gemeinen deutschen Recht, namentlich seit Beginn des letzten Jahrhunderts, den Gegenstand lebhaftester Erörterung.

Nach römischem Recht konnte eine jede gegen den Erblasser verübte Injurie verfolgt werden.[1]) Dementgegen wurde geltend gemacht, daß dies zu weit gegangen sei, und vor allem als Grund gegen diese umfassende Verfolgbarkeit angeführt, daß hiedurch einer freien Beurteilung Verstorbener durch die Geschichtsforschung hemmende Fesseln auferlegt würden. Um Abhilfe zu treffen, wurde deshalb in erster Linie eine Beschränkung der Verfolgbarkeit von Beleidigungen gegen Verstorbene auf diejenigen Fälle gefordert, in denen eine Verleumdung[2]) des Angegriffenen enthalten sei.[3]) Daneben wurde zu Gunsten der Geschichtsforschung auch in Anregung gebracht, nur bei solchen gegen Verstorbene gerichteten Beleidigungen Bestrafung eintreten zu lassen, welche das der Geschichtsforschung nicht unterliegende Privatleben des Verstorbenen betreffen.[4]) Ein anderer Vorschlag, um die Verfolgbarkeit von Beleidigungen gegen Verstorbene im Interesse der Freiheit der Geschichtsforschung einzuschränken, ging endlich dahin, einen vom Todestag ab zu berechnenden Zeitraum festzusetzen, und nur bis zu dessen Ablauf Beleidigungen gegen Verstorbene mit Strafe zu belegen.[5])

Auch hinsichtlich des Objekts des Delikts wurden von der römischen Lehre abweichende Meinungen laut. Die römisch-

---

[1]) Siehe oben S. 6.

[2]) Worunter das gemeine Recht stets ein Handeln „wider besseres Wissen" verstand.

[3]) Vergl.: Mittermaier, in v. Groß, Strafrechtspflege in Deutschland, Bd. III, S. 373; Schwarze, im Archiv des Kriminalrechts, 1854, S. 115; Goltdammer, im Archiv für Preußisches Strafrecht, Bd. 15, S. 368.

[4]) Abegg, im Archiv des Kriminalrechts, 1844, S. 508 f.; Mittermaier, a. a. O.; S. 353 f., Goltdammer, a. a. O., S. 368.

[5]) Vergl. Goltdammer, a. a. O., S. 368.

rechtliche Ansicht einer Verletzung der Ehre des Verstorbenen mußte, wie schon erwähnt,[1]) bei richtiger Auffassung des deutschrechtlichen Ehrbegriffs als nicht mehr zutreffend erscheinen. Man bezeichnete daher vielfach den guten Ruf oder das Andenken des Verstorbenen als Objekt des Delikts.[2])

Selbst bei einer dem römischen Recht entsprechenden Annahme der Möglichkeit einer Ehrverletzung Verstorbener erwies sich aber doch die im römischen Recht vertretene Anschauung, daß durch eine Verletzung der Ehre des Erblassers zugleich diejenige des Erben mittelbar verletzt werde, als unhaltbar. Wenn auch mit der Reception des römischen Rechts das Prinzip der Universalsuccession im deutschen Erbrecht Fuß gefaßt hatte, so blieb gleichwohl der römischrechtliche, aus dem Begriff der Universalsuccession abgeleitete Gedanke einer Fortsetzung der Persönlichkeit des Erblassers durch den Erben der deutschen Rechtsanschauung fremd. Hiemit war aber der Annahme einer gleichzeitigen mittelbaren Verletzung des Erben in der Hauptsache der Boden entzogen, indem das zwischen Erben und Erblasser bestehende persönliche Verhältnis nun bei weitem nicht mehr als ein so intimes erschien, wie es sich nach römischem Recht dargestellt hatte. Abgesehen hievon rang sich aber auch mit der Zeit die Erkenntnis durch, daß der Begriff einer mittelbaren Beleidigung, von der Einheit der Ehre verschiedener in näheren Beziehungen stehender Personen ausgehend, überhaupt eine „überflüssige Anomalie" sei.[3])

Die Befugnis wegen Injurien gegen Verstorbene Klage zu erheben, hatte nach römischem Recht allein der Erbe.[4]) Da aber, wie soeben erwähnt, das deutsche Recht eine Fortsetzung der Persönlichkeit des Erblassers durch den Erben im Gegensatz zu dem römischen Recht auch nach dessen Reception nicht anerkannte, so war auch das recipierte ausschließliche Klagerecht des Erben innerlich nicht mehr begründet. Hieraus erklärt es

---

[1]) Vergl. ob. S. 15.

[2]) Vergl. Goltdammer, a. a. O., S. 367, Abegg, a. a. O., S. 502, Schwarze, a. a. O., S. 114, Rubo, S. 139.

[3]) Vergl. Köstlin, Abhandlungen, S. 27, Hälschner, das gemeine Deutsche Strafrecht, Bd. II, S. 167.

[4]) Vergl. oben S. 8 ff.

sich, wenn nunmehr die Forderung laut wurde, neben dem Erben auch dem Sohn, bezw. den nächsten Angehörigen des Verstorbenen ohne Rücksicht darauf, ob sie Erben waren oder nicht, das Klagerecht zu gewähren, indem nicht einzusehen war, warum diese nicht zum mindesten dasselbe Interesse wie jener daran haben sollten, daß gegen den Verstorbenen gerichtete Beleidigungen gerügt werden.[1])

Entsprechend dem römischen Recht konnte auch im späteren gemeinen Recht die Verfolgung von Ehrverletzungen im Wege der Zivilklage erfolgen. Das einheimische deutsche Recht hatte aber vor der Reception des römischen Rechts bei Ehrenkränkungen stets öffentliche Strafe eintreten lassen.[2]) Auch nach der Peinlichen Gerichtsordnung Karls V. v. J. 1532 waren Beleidigungen noch ausschließlich mit öffentlicher Strafe belegt worden.[3]) Es kann daher nicht befremden, wenn es der zivilrechtlichen a. injuriarum des römischen Rechts nicht gelang, sich auf die Dauer im deutschen Recht einzubürgern, wenn vielmehr in Deutschland immer stärker die Ansicht zum Ausdruck gebracht wurde, daß die Erhebung der Strafklage der richtigere Weg zur Verfolgung von Ehrverletzungen sei, da hiedurch Sühnung der letzteren nicht wie auf erhobene Zivilklage, durch Herbeiführung eines Vermögensvorteils des Klägers, beruhend auf einer von diesem selbst vorgenommenen Abschätzung der Schwere der Verletzung, sondern in würdigerer Weise durch Bewirkung einer öffentlichen, der Privatwillkür des Beteiligten nicht mehr unterworfenen Bestrafung des Täters eintrat.[4])

Demnach mußte aber auch im späteren gemeinen deutschen Recht die Gestattung der Strafverfolgung von Beleidigungen gegen Verstorbene mittels der a. injuriarum im Wege des Zivilprozesses nicht mehr als zweckentsprechend erscheinen.

2. Ein höchst verschiedenartiges Bild zeigt die Behandlung von Beleidigungen gegen Verstorbene in den vor Schaffung des

---

[1]) Vergl. Abegg, a. a. O., S. 470 ff., Schwarze, a. a. O., S. 116 f.

[2]) Vergl. Hälschner, Syst. des Preuß. Strafr., Bd. II., S. 221.

[3]) P.-G.-O. Art. 110.

[4]) Vergl. Kettenacker, Das Verbrechen der Ehrverletzung, S. 99; Arnold, Ueber Beschränkung der Deflorations- etc. Klagen, S. 55 ff.; Schwarze, a. a. O., S. 104 f.

Reichsstrafgesetzbuches entstandenen Strafgesetzgebungen der deutschen Einzelstaaten.[1])

Die meisten dieser Gesetzgebungen enthalten ausdrückliche Vorschriften über Bestrafung von Beleidigungen gegen Verstorbene. Nur einige wenige haben von der Aufnahme einer solchen Strafbestimmung abgesehen. Diese letzteren sind das Allgemeine Landrecht für die Preussischen Staaten von 1794[2]), das

[1]) Stenglein, Sammlung der deutschen Strafgesetzbücher, Bd. I—III, Sten. Ber. 1870, III (Anl.), zu Nr. 5 Anl. 1, S. CX ff.

[2]) In diesem Gesetz findet sich allerdings in Teil II Tit. 20 § 568 eine allgemein gehaltene Bestimmung, wonach das Recht auf Genugtuung und Strafe anzutragen dem „mittelbar" Beleidigten auch in dem Falle zustehen soll, wenn der „unmittelbar" Beschimpfte die Injurie nicht rügen „kann" (§ 568 lautet: „Der mittelbar Beleidigte kann auf Genugtuung und Strafe antragen, auch wenn derjenige, welcher unmittelbar beschimpft worden, die Injurie nicht rügen kann oder will"). Hieraus folgt, daß auch im Falle einer unmittelbaren Beschimpfung mit Bezug auf einen Verstorbenen diejenigen Hinterbliebenen ein Antragsrecht hatten, deren Ehre „mittelbar" berührt worden war. Wenn aber das A. L.-R. hier von einer „mittelbaren" Beleidigung spricht, so versteht es unter dieser Bezeichnung nicht eine solche, wie sie sonst (z. B. im römischen Recht, vergl. oben S. 4 f.) lediglich auf Grund eines nahen persönlichen Verhältnisses zum unmittelbar Beleidigten angenommen zu werden pflegte, vielmehr will das A. L.-R. hier mit dem Ausdruck „mittelbare Beleidigung" diejenigen Fälle bezeichnen, in denen bei einer zunächst gegen die eine Person gerichteten Beleidigung durch deren Inhalt zugleich auch noch eine andere Person in ihrer Ehre verletzt wird. Die erste Person wird vom A. L.-R. als „unmittelbar", die zweite unzutreffenderweise! vergl. auch Olshausen § 185, N. 4) als „mittelbar" verletzt bezeichnet. Tatsächlich handelt es sich also im § 568 des A. L.-R. um den Fall eines sogen. idealen Zusammentreffens (im geltenden Recht § 73 St.-G.-B.) zweier Beleidigungen, die an sich betrachtet, je direkt gegen eine besondere Person gerichtet sind.

Daß das A. L.-R. die Bezeichnung „mittelbare Beleidigung" in § 568 in eben erwähntem Sinne aufgefaßt haben wollte, ergibt sich aus den vorhergehenden Paragraphen (§§ 564, 566 und 567). Diese Stellen sprechen zwar von nahen persönlichen Beziehungen zum „unmittelbar" Beleidigten, trotzdem wird aber eine „mittelbare" Beleidigung der dem „unmittelbar" Verletzten nahe stehenden Person auch hier nur angenommen, wenn zugleich eine idealkonkurrierende Beleidigung der letzteren vorliegt. Das persönliche Band allein wird zur Begründung einer „mittelbaren" Beleidigung nicht als ausreichend erachtet. Dies gelangt mit besonderer Deutlichkeit in § 564 zum Ausdruck:

„Beleidigungen, welche einer ganzen Gemeine, Korporation oder Familie zugefügt werden, können von den einzelnen Mitgliedern, soweit auch sie die Injurie trifft, gerügt werden".

Hienach bezieht sich § 568 nur auf denjenigen speziellen Fall einer Beleidigung gegen einen Verstorbenen, in dem zugleich die Ehre eines Hinterbliebenen

St.-G.-B. für das Königreich Bayern von 1813[1] [2]), das St.-G.-B. für die Preussischen Staaten von 1851[3] [4]), sowie die letzte

durch den Inhalt der gegen den Verstorbenen gerichteten beleidigenden Aeußerung direkt verletzt wurde, und nur im Hinblick auf diese direkte Verletzung des Hinterbliebenen ist dessen Antragsrecht Gegenstand der gesetzlichen Fixierung, während eine allegemeine strafrechtliche Regelung von Beleidigungen gegen Verstorbene durch § 568 in keiner Weise getroffen werden sollte (vergl. auch Abegg, a. a. O., S. 485).

[1]) Die Bestimmung des Art. 284:

„Wer einem Anderen wissentlich und fälschlich eine Handlung andichtet, welche in diesem Gesetzbuche für ein Verbrechen oder Vergehen erklärt ist, wird der Verleumdung (Calumnie) schuldig",

kann den Fall einer Beleidigung (Verleumdung) gegen Verstorbene schon mit Rücksicht auf die ihr im Gesetzbuche angewiesene Stellung nicht mit umfassen. Das Kapitel, in dem Art. 284 enthalten ist, trägt die Ueberschrift „von Beeinträchtigung fremder Rechte durch Betrug". Es kam sonach bei dem Delikt i. S. des Art. 284 nicht darauf an, daß der gute Ruf einer Person angegriffen wurde, sondern vielmehr darauf, daß eine Beeinträchtigung von Rechten Anderer erfolgte. Da aber ein Verstorbener nicht mehr als Träger von Rechten in Betracht kommen kann, so konnte das Delikt des Art. 284 auch nicht mit Bezug auf einen Verstorbenen verübt werden.

Abgesehen hievon wollte aber das Bayerische St.-G.-B. von 1813 irgendwelche Bestimmungen über Beleidigungen (mit Ausnahme derer über Majestätsbeleidigungen) überhaupt nicht aufnehmen, indem diese einem nachzufolgenden Polizeistrafrecht vorbehalten worden waren. (Vergl. Abegg, a. a. O., S. 488.

[2]) Eine Nachbildung des Bayerischen St.-G.-B. von 1813 ist das St.-G.-B. für die Herzogl. Oldenburgischen Lande von 1814. Der Art. 289 des Oldenburgischen St.-G.-B. entspricht dem Art. 284 des Bayerischen. Im Gegensatz zu letzterem Gesetzbuche hat zwar das erstere in Art. 407 bis 412 Bestimmungen über „Ehrbeleidigungen" aufgenommen, doch fehlt auch hier eine Strafvorschrift über Beleidigungen gegen Verstorbene.

[3]) Abweichend von der definitiven Fassung des Gesetzes war in sämtlichen Entwürfen mit Ausnahme desjenigen von 1850 die Rüge von Beleidigungen gegen Verstorbene als zulässig aufgeführt. In den Entwürfen von 1829, 1833 und 1836 wurde die Ehre bestimmter im Gesetze genannter Verwandten auf Grund ihres persönlichen Verhältnisses ausdrücklich stets als mittelbar verletzt bezeichnet. Die übrigen Entwürfe sprachen nur von einem Klagerecht gewisser Personen, ohne diese als verletzt zu bezeichnen. Hiebei wurde das Klagerecht in den Entwürfen bis 1845 bestimmten Klassen von Verwandten, später aber auch außer letzteren den Erben zugesprochen. Entgegen den früheren Entwürfen nahm aber dann, wie schon erwähnt, der Entwurf von 1850 und ihm folgend das St.-G.-B. in seiner definitiven Fassung eine Bestimmung über Beleidigungen gegen Verstorbene nicht mehr auf (vergl. Goltdammer, Materialien II, S. 340).

[4]) Das Preußische St.-G.-B. von 1851 wurde i. J. 1852 von dem Herzogtum Anhalt-Bernburg, i. J. 1855 von den Fürstentümern Waldeck und Pyrmont,

der deutschen Einzelgesetzgebungen, das Kriminalgesetzbuch der Freien- und Hansestadt Hamburg von 1869.

Diejenigen Strafgesetzgebungen, welche Beleidigungen gegen Verstorbene unter Strafe gestellt haben, weisen aber insbesondere hinsichtlich des Umfangs der zu bestrafenden Beleidigungen, hinsichtlich des Objekts des Delikts, sowie hinsichtlich des antrags- bezw. klageberechtigten Personenkreises auch unter sich große Verschiedenheit auf.

Beleidigungen gegen Verstorbene finden ohne irgendwelche Einschränkung des Begriffs „Beleidigung" Berücksichtigung im Codex Maximilianeus Bavaricus civilis (1756)[1]), sowie in

---

i. J. 1858 vom Großherzogtum Oldenburg und i. J. 1864 von der Freien und Hansestadt Lübeck übernommen.

[1]) Cod. Max. Bav. civ. v. 1756, IV, 17, § 11:

„Stirbt der Injurirte, ehe und bevor er geklagt hat, so bleibt zwar 1mo die obrigkeitliche Straf gegen Injurianten nichts desto weniger bevor, 2do kann er auch von denen Erben actione legis Aquiliae um die Schäden und Kösten (vergl. § 5)*) belangt werden. Die Aestimations- und Widerrufs-Klag hingegen fallt 3tio hinweg, es seye dann die Injurie erst nach dem Tod des Erblassers, entweder durch Mißhandlung seines Leichnams oder sonst anderweg gegen ihn verübt worden."

*) Zur Erläuterung sei hier noch § 5 beigefügt:

„1mo ist der Injuriant nicht nur zum Widerruf und respective Abbitt sondern auch, wenn die Injurie in Geld angeschlagen wird, das taxierte Quantum zu bezahlen verbunden, des Endswegen die in §pho 6 u. 7 mit mehreren beschriebene actio injuriarum aestimatoria, respective recantatoria von dem beschimpften Teil wider ihn Statt hat, und zwar 2do nicht nur elective, sondern auch cumulative, mithin dergestalt, daß eine Action durch die andere nicht aufgehoben wird. Nebst deme kann 3tio Injuriant in Real-Injurien, z. E. in Verwund- und Lähmungen um die Cur- und Baderskösten, dann all andere dadurch erlittene Schäden, insonderheit auch um den Entgang der Nahrung actione legis Aquiliae belangt werden. Ueber dieses verfallt er 4to der Obrigkeit um des verübten Verbrechens- wegen in die Burgerlich- oder gestalten Dingen noch gar in die peinliche Straf, vermög Cod. Crim. P. I cap. 8. § 9.**) Ob und wie weit endlich 5to die Klag ex lege diffamari hierin Statt habe, siehe Cod. Jud. cap. 1 § 15 und cap. 4 § 5."

**) Cod. jur. Bav. crim. v. 1751, P. I, cap. 8 § 9:

„Straf der schweren und abscheulichen Unbilden. — — Die gar überschwer und abscheulichen Verbalinjurien, welche z. E gegen Obere und Vorgesetzte, oder respectu des Injuriantens in weit höheren Grad und Charakter stehend- oder privilegierte Personen ausgeübt, wodurch ganze Handwerkszünfte aufgebracht und in Unruhe gesetzt werden, oder worüber sonst großes Aufsehen und Aergernuß

den Strafgesetzbüchern von Sachsen, (1838, 1855 und 1868)[1]), Württemberg (1839)[2]), Braunschweig (1840)[3]), Hannover (1840)[4]), in dem Thüringischen Strafgesetzbuch (1850—1868

in dem Publico entstehet, seynd nach Befund und Ermäßigung der Obrigkeit malefizisch zu bestrafen, welches um so viel mehr bei den Realinjurien Platz greift, wenn sie auf obgedachte Weis, oder an privilegierten Orten oder mit nächtlicher Vorbaß- und darauf erfolgter wirklicher Verwund- und Beschädigung zu Schulden kommen, oder etwan gar so beschaffen seynd, daß sie in das crimen vis publicae, attentati homocidii, laesae Majestatis und dergleichen delicta einschlagen. All übrige gemeine Unbilden aber, wenn gleich der Injurierte dadurch eines Criminalverbrechens beschuldiget, u. z. E. ein Dieb, Mörder und dergleichen gescholten wird, gehören mit der Straf und Verhandlung zur Niedergerichtsbarkeit."

[1]) a. Kriminalgesetzbuch für das Königreich Sachsen von 1838, Art. 203 (soweit hier in Betracht kommend):

„Die in Art. 194, 195, 198 u. 200 erwähnten Verleumdungen und Beleidigungen, mit Ausnahme der gegen Verwandte in aufsteigender Linie verübten Tätlichkeiten, sind nur auf den Antrag dabei beteiligter Personen zur Untersuchung und Strafe zu ziehen. . . . .

Zu einem solchen Antrage sind auch berechtigt . . . . bei Injurien gegen Verstorbene die Ehegatten, Verwandten und Verschwägerten in gerader Linie, sowie in der Seitenlinie bis zum dritten Grade einschließlich, ingleichen ohne Rücksicht auf Verwandtschaft die Erben."

Das Kriminalgesetzbuch für das Königreich Sachsen von 1838 wurde i. J. 1841 vom Herzogtum Sachsen-Altenburg übernommen.

b. Strafgesetzbuch für das Königreich Sachsen von 1855, sowie revidiertes Strafgesetzbuch von 1868, je Art. 246, Abs. 4:

„Wegen Ehrverletzungen, welche einem Verstorbenen erst nach seinem Tode zugefügt worden, sind die Ehegatten, die Verwandten und Verschwägerten in gerader Linie, wohin auch Wahleltern und Wahlkinder zu rechnen, sowie in der Seitenlinie bis mit dem dritten Grad, ingleichen, ohne Rücksicht auf Verwandtschaft, die Erben zum Antrage berechtigt."

[2]) Strafgesetzbuch für das Königreich Württemberg von 1839, Art. 292, Abs. 3:

„Bei Ehrenkränkungen gegen Verstorbene sind deren Erben zur Klage berechtigt."

[3]) Kriminalgesetzbuch für das Herzogtum Braunschweig von 1840, § 245, Abs. 4:

„Bei Ehrenkränkungen wider Verstorbene sind die Ehegatten, Blutsverwandten in auf- und absteigender Linie, Geschwister und Erben des Verstorbenen zur Anzeige berechtigt."

[4]) Kriminalgesetzbuch für das Königreich Hannover von 1840, § 269 (soweit hier in Betracht kommend):

„I. Von Amtswegen werden nur solche Verleumdungen und Injurien untersucht, welche mit Störung der öffentlichen Sicherheit, Ruhe und Ordnung, oder tätlich an Verwandten in aufsteigender Linie verübt worden sind. . . . , in den zum Bezirke des Oberappelationsgerichts zu Jena vereinigten Staaten — Sachsen-Weimar-Eisenach, Sachsen-Meiningen, Sachsen-Altenburg, Sachsen-Coburg-Gotha, Schwarzburg-Rudolstadt, Schwarzburg-Sondershausen, Reuß ä. L. und Reuß j. L., Anhalt — mit Ausnahme von Sachsen-Altenburg, (vergl. S. 22, Anm. 1 a) a. E.) eingeführt)[1]) und in dem von Bayern (1861).[2])

Eine wesentliche Beschränkung findet die Verfolgbarkeit von Beleidigungen wider Verstorbene dagegen in den Strafgesetzbüchern der Großherzogtümer Hessen (1841)[3])[4]) und Baden

---

II. Andere Ehrenkränkungen werden nur auf Verlangen des Beteiligten untersucht. Hiezu gehören jedoch, außer dem Beleidigten selbst auch der Ehemann . . . . . ., sowie die Erben in Hinsicht der erst nach dem Tode des Erblassers verübten Ehrenkränkungen."

[1]) Strafgesetzbuch für die Thüringischen Staaten, Art. 193 (soweit hier in Betracht kommend):

„Die in Art. . . . . . gedachten Verbrechen sind nur auf den Antrag dabei beteiligter Personen zur Untersuchung und Bestrafung zu ziehen.

Zu einem solchen Antrag, wenn er nicht bereits von dem unmittelbar Beteiligten gestellt worden ist, sind auch berechtigt bei Ehrverletzungen

1. gegen . . . .

. . . .

4. gegen Verstorbene die Ehegatten, die Verwandten und Verschwägerten in gerader Linie, ingleichen ohne Rücksicht auf Verwandtschaft die Erben."

[2]) Strafgesetzbuch für das Königreich Bayern von 1861, Art. 265:

„Die Strafbestimmungen über Verleumdung und Ehrenkränkung finden auch dann Anwendung, wenn der Angriff gegen einen Verstorbenen gerichtet ist und von dessen Ehegatten, Eltern, Kindern oder Geschwistern die gerichtliche Verfolgung beantragt wird."

[3]) Strafgesetzbuch für das Großherzogtum Hessen von 1841, Art. 321:

„Wer durch Handlungen, welche gegen Lebende verübt zur Klasse der Verleumdungen gehören würden, das Andenken eines Verstorbenen verunglimpft oder ihn verächtlicher Eigenschaften oder Gesinnungen bezüchtigt, wird auf Klage der Eltern, Großeltern, Kinder oder Enkel, oder des Ehegatten, oder der Geschwister desselben von der Strafe der Verleumdung oder Ehrenkränkung getroffen."

[4]) Das Hessische St.-G.-B. von 1841 wurde dem St.-G.-B. für das Herzogtum Nassau (1849) zu Grunde gelegt. Die Strafbestimmung über „Verunglimpfung des Andenkens Verstorbener" stimmt in diesem St.-G.-B. (Art. 314) mit der des Hessischen St.-G.-B wörtlich überein.

Ferner wurde das Hessische St.-G.-B. i. J. 1856 in der freien Stadt Frankfurt eingeführt.

(1845)[1]), indem das Hessische Gesetzbuch nur Verleumdungen und solche Aeußerungen, „durch welche der Verstorbene verächtlicher Eigenschaften oder Gesinnungen bezüchtigt wird“, unter Strafe stellt, das Badische aber noch weiter einschränkend nur Verleumdungen für verfolgbar erklärt.

Als Objekt des Delikts erscheint nach dem Cod. Max. Bav., sowie nach den Strafgesetzbüchern von Sachsen von 1855 und 1868 die Ehre des Verstorbenen selbst. Dies folgt mit Deutlichkeit aus der Fassung der betreffenden Gesetzesstellen („es seye dann die Injurie erst nach dem Tode des Erblassers gegen ihn verübt worden“ und „Ehrverletzungen, welche einem Verstorbenen erst nach seinem Tode zugefügt worden.“) Ebenso wollen die Gesetzbücher von Sachsen von 1838, Hannover und den Thüringischen Staaten offenbar die Ehre des Verstorbenen als verletzt bezeichnen, indem sie von „Injurien oder Ehrverletzungen gegen Verstorbene“, bezw. von „erst nach dem Tode des Erblassers verübten Ehrenkränkungen“ sprechen und zugleich nahe hinterbliebene Familienglieder, bezw. die Erben, als antragsberechtigt dem „Beteiligten“, dem „unmittelbar Beteiligten“ oder dem „Beleidigten“ gegenüberstellen.

Nach den Gesetzbüchern von Hessen und Baden ist wohl das Andenken des Verstorbenen als Objekt des Delikts zu betrachten, denn dieses wird als „verunglimpft“ bezeichnet.

Zu Zweifeln hinsichtlich des nach dem Willen des Gesetzgebers als verletzt anzusehenden Rechtsguts können dagegen die Strafgesetzbücher von Württemberg und Braunschweig, sowie das Bayerische Gesetzbuch von 1861 Anlaß geben, in denen nur ganz allgemein von „Ehrenkränkungen, bezw. Angriffen gegen Verstorbene“ die Rede ist. Bei einer derartigen Fassung des Gesetzes läßt sich mit Bestimmtheit nur so viel feststellen, daß solche Aeußerungen gemeint sein sollen, deren objektiver

---

[1]) Strafgesetzbuch für das Großherzogtum Baden von 1845, § 321:

„(Verunglimpfung des Andenkens Verstorbener.) Wer durch Handlungen, welche, gegen Lebende verübt, zur Klasse der Verleumdungen gehören würden, das Andenken eines Verstorbenen verunglimpft, wird auf Anklage der Eltern oder der Kinder, oder des Ehegatten desselben von der Strafe der Verleumdung getroffen.

Der Beweis der Wahrheit wird jedoch hier in allen Fällen zugelassen, auch wenn solche Verunglimpfung in Druckschriften geschehen ist.“

Inhalt beleidigender Natur ist, und deren Richtung gegen Verstorbene geht, dagegen kann ein sicherer Schluß auf ein nach Willen des Gesetzgebers als verletzt zu betrachtendes Rechtsgut allein aus der genannten Fassung des Gesetzes nicht gezogen werden.[1])

Wie im römischen Recht stand nach den Cod. Max. Bav., sowie nach dem Württembergischen und Hannoverischen Gesetzbuch das Klage- bezw. Antragsrecht nur dem Erben des angegriffenen Verstorbenen zu. In Baden hatten das Recht Bestrafung zu verlangen der Ehegatte, die Eltern und Kinder, in Bayern (1861) auch die Geschwister, in Hessen weiterhin noch die Großeltern und Enkel. Verwandte auf- und absteigender Linie ohne Einschränkung, nennt neben dem Ehegatten, den Geschwistern und den Erben das Braunschweigische Gesetzbuch während dasjenige für die Thüringischen Staaten zu diesen Antragsberechtigten mit Ausnahme der Geschwister auch die in gerader Linie Verschwägerten hinzufügt. Das St.-G.-B. von Sachsen von 1838 erteilt dem Ehegatten, den Verwandten und Verschwägerten in gerader Linie, sowie in der Seitenlinie bis zum dritten Grade einschließlich, daneben aber auch den Erben das Recht Strafantrag zu stellen. Am weitesten gehen indes die Gesetzbücher von Sachsen v. 1855 und 1868, die außer den zuletzt genannten Personen auch die Wahleltern und Wahlkinder für antragsberechtigt erklären.

Endlich sei noch auf eine bemerkenswerte, für den Täter vorteilhafte Bestimmung, welche das Badische Gesetzbuch enthält, hingewiesen. Während nämlich nach diesem Gesetzbuch bei Verleumdungen oder sonstigen Ehrenkränkungen gegen Lebende der Beweis der Wahrheit regelmäßig nicht zugelassen wurde[2]), wenn die beleidigende Tatsache durch Druck- oder sonstige auf

---

[1]) Vergl. auch oben S. 2.

[2]) St.-G.-B. für das Großherzogtum Baden von 1845, § 309:

„(Bei Druckschriften.) Wurde eine Tatsache, welche den Inhalt einer Verleumdung oder Ehrenkränkung ausmacht, in Druckschriften verbreitet, so wird der Beweis der Wahrheit nicht zugelassen, ausgenommen in den Fällen, wo die verbreitete Tatsache ein mit peinlicher Strafe, oder Arbeitshaus oder Dienstentlassung bedrohtes, noch unbestraftes Verbrechen ausmacht, oder der Urheber solcher öffentlicher Verbreitung dabei als Privatmann oder als Staatsbürger ein bestimmtes rechtliches Interesse hatte."

mechanische Weise vervielfältigte Schriften, bezw. durch Bildwerke[1]) verbreitet worden war, wurde gem. § 321, Abs. 2[2]) bei Verunglimpfung des Andenkens Verstorbener der Wahrheitsbeweis in allen Fällen, selbst in denjenigen, in welchen die Verunglimpfung durch Druckschriften oder dergleichen Mittel erfolgt war, gestattet.

3. Nach diesen Ausführungen mag es noch von Interesse sein, einen kurzen Ueberblick darüber zu gewinnen, in welcher Weise die Staaten des Norddeutschen Bundes sich zur Zeit der Entstehung des nachmaligen Reichsstrafgesetzbuches hinsichtlich ihres Strafrechtszustandes und somit hinsichtlich der strafrechtlichen Behandlung von Beleidigungen gegen Verstorbene gruppiert hatten, da eine Anzahl dieser Staaten, vor allem solche, die noch kein eigenes Strafgesetzbuch besassen, dasjenige eines anderen Staates übernommen hatten. Nur in einigen wenigen Staaten war das überlieferte gemeine deutsche Strafrecht beibehalten worden.

Im Ganzen lassen sich hienach in dem angegebenen Zeitpunkte acht verschiedene Strafrechtsgebiete des Norddeutschen Bundes unterscheiden. Es galt[3]):

a. Das Preussische St.-G.-B. von 1851 im Königreich Preussen, im Fürstentum Waldeck (seit 1855), im Großherzogtum Oldenburg (seit 1858), sowie in der freien und Hanse-Stadt Lübeck (seit 1864),

b. das revidierte Sächsische St.-G.-B. von 1868 im Königreich Sachsen,

c. das Hessische St.-G.-B. von 1841 im Großherzogtum Hessen,

d. das Thüringische St.-G.-B. im Großherzogtum Sachsen-Weimar-Eisenach (seit 1850), im Herzogtum Sachsen-Meiningen (seit 1850), im Herzogtum Coburg-Gotha (seit 1851, bezw. 1852), im Herzogtum Anhalt (seit 1850 in Dessau-Cöthen und seit 1864 in Bernburg), im Fürstentum Schwarz-

---

[1]) Daselbst § 311 (soweit hier in Betracht kommend):

„Was in . . . § 309 in Bezug auf Druckschriften bestimmt ist, gilt von allen mittelst mechanischer Mittel, wie namentlich durch Steindruck, Kupferstich oder Holzschnitt vervielfältigten Schriften oder Bildwerken.“

[2]) Vergl. oben S. 24, Anm. 1.

[3]) Vergl. Sten. Ber. 1870, III (Anl.), S. 26 f.

burg-Rudolstadt (seit 1850), im Fürstentum Schwarzburg-Sondershausen (seit 1850), im Fürstentum Reuß ä. L. (seit 1868 und im Fürstentum Reuß j. L. (seit 1852),

e. das Braunschweigische Kriminalgesetzbuch von 1840 im Herzogtum Braunschweig, sowie im Fürstentum Lippe-Detmold (seit 1843),

f. das Sachsen-Altenburgische Kriminalgesetzbuch von 1841 (auf dem früheren Sächsischen St.-G.-B. von 1838 beruhend — vergl. oben S. 22, Anm. 1) a) a. E. —) im Herzogtum Sachsen-Altenburg,

g. das Hamburgische Kriminalgesetzbuch von 1869 in der Freien und Hansestadt Hamburg,

h. das gemeine deutsche Strafrecht in den Großherzogtümern Mecklenburg-Schwerin und Mecklenburg-Strelitz, im Fürstentum Schaumburg-Lippe und in der freien Hansestadt Bremen.

Anhang zu § 5.

Strafbarkeit der noch zu Lebzeiten eines Verstorbenen erfolgten Beleidigungen.

1. Die Frage, ob auch wegen einer dem Verstorbenen noch bei seinen Lebzeiten zugefügten, von ihm aber nicht mehr gerügten Beleidigung Klage erhoben werden dürfe, wurde wie im römischen Recht[1]) auch im späteren gemeinen deutschen Recht verneint. Aber auch in den Fällen, in denen der Beleidigte noch selbst Klage erhoben hatte, hat sich in der späteren gemeinrechtlichen Praxis die herrschende Meinung gegen die Zulässigkeit einer Fortführung der Klage nach dem Tode des Beleidigten ausgesprochen.[2]) Die römischrechtliche Bestimmung, daß die Injurienklage im Falle der noch zu Lebzeiten des Beleidigten eingetretenen Rechtshängigkeit auf den Erben des Beleidigten übergehe[3]), fand also keine entsprechende Anwendung mehr.

2. Auch in einigen der deutschen Einzelgesetzgebungen

---

[1]) Vergl. oben S. 11.

[2]) Vergl. Goltdammer, Archiv für Preuß. Strafr. XIII, S. 753 ff. und XV, S. 361.

[3]) Vergl. oben S. 11.

finden sich Bestimmungen über Verfolgbarkeit von Beleidigungen, die einem Verstorbenen noch zu Lebzeiten zugefügt worden.

So wurde von dem Codex Maximilianeus Bavaricus von 1756[1]), sowie von dem Allgemeinen Landrecht für die Preussischen Staaten von 1794[2]) die Fortsetzung einer von dem Beleidigten noch vor seinem Tode erhobenen Klage durch den Erben des Beleidigten gestattet.

In besonders umfassender Weise waren noch zu Lebzeiten eines Verstorbenen erfolgte Beleidigungen in Baden verfolgbar, indem nach § 316 des St.-G.-B. von 1845[3]) den Ahnen, Abkömmlingen, Geschwistern und dem Ehegatten des Beleidigten das Recht an Stelle des letzteren aufzutreten zustand, sowohl wenn er während des Laufes der gerichtlichen Untersuchung, wie auch dann, wenn er, ohne selbst Anklage erhoben zu haben, gestorben war.

Auch die Strafgesetzbücher von Sachsen von 1855 und 1868[4]) enthalten ausdrückliche Bestimmungen über Beleidigungen,

---

[1]) Vergl. oben S. 21, Anm. 1.

[2]) Allg. Landr. für die Preußischen Staaten von 1794, Teil II, Titel 20 § 605:

„Dagegen können die Erben des Beleidigten, wenn dieser vor erhaltener Genugtuung, jedoch nach Insinuation der Klage gestorben ist, verlangen, daß die Genugtuung dem Andenken ihres Erblassers geleistet werde."

[3]) § 316 dieses Gesetzbuches lautet:

„Stirbt der Beleidigte, ohne die Anklage erhoben zu haben, oder während des Laufes der gerichtlichen Verfolgung, oder ist er durch eingetretene andere Umstände gehindert, die Anklage selbst zu erheben, oder die gerichtliche Verfolgung fortzusetzen, so steht das Recht, an seiner Stelle aufzutreten, den Ahnen, Abkömmlingen oder den Geschwistern oder dem Ehegatten desselben zu."

[4]) Die §§ 246 dieser beiden Gesetzbücher lauten (soweit hier in Betracht kommend):

„Wegen der in diesem Kapitel aufgeführten strafbaren Handlungen . . . ist ein Strafverfahren nur auf Antrag einzuleiten.

Zu einem solchen Antrag sind bei Ehrverletzungen gegen Eheweiber, Kinder, im öffentlichen Dienst angestellte Personen . . . . nicht nur die Verletzten selbst, sondern auch die Ehemänner, die Eltern, die Wahleltern und die amtlichen Vorgesetzten . . . . berechtigt.

Ehrverletzungen, welche einem Verstorbenen bei dessen Lebzeiten zugefügt worden sind, können daher von dem Ehemanne, den Eltern, Wahleltern und amtlichen Vorgesetzten auch nach dem Tode desselben zur Anzeige gebracht werden. Bestand die Ehrverletzung in der Beimessung einer Handlung

welche Verstorbene noch zu Lebzeiten erlitten hatten. Diese Gesetzbücher betonen zunächst (je in Art. 246, Abs. 3), daß das dem Ehemann, den Eltern, Wahleltern und amtlichen Vorgesetzten auf Grund ihres persönlichen, bezw. amtlichen Verhältnisses zum Beleidigten zustehende selbständige Antragsrecht (je Art. 246, Abs. 2) auch noch nach dem Tode des Beleidigten geltend gemacht werden könne. Ferner wird aber (gleichfalls je in Art. 246, Abs. 3) in dem Falle einer einem Verstorbenen noch zu Lebzeiten zugefügten Beleidigung außer den soeben genannten Antragsberechtigten auch dem Ehemann, allen Verwandten auf- und absteigender Linie, sowie den Wahlkindern ein Antragsrecht dann zuerkannt, wenn die Ehrverletzung in einer wider besseres Wissen verübten Verleumdung bestand und der Verletzte entweder von der Verletzung, bezw. von dem Täter, bei seinen Lebzeiten keine Kenntnis mehr erlangt hatte oder innerhalb der ihm laufenden Verjährungsfrist gestorben war. Bemerkenswert ist, daß hier als Voraussetzung für das Antragsrecht der Tatbestand der Verleumdung erfordert wurde, während, wie oben gezeigt[1]), bei Be-

---

der in Art. 235 und 236*) gedachten Art, so kann sie auch von der Ehefrau des Verletzten, sowie außer den Eltern auch von anderen Verwandten in aufsteigender Linie, ingleichen von Verwandten absteigender Linie, einschließlich der Wahlkinder, jedoch nur dann zur Anzeige gebracht werden, wenn der Verletzte von der Verletzung oder dem Täter bei seinen Lebzeiten keine Kenntnis erlangt hat oder innerhalb der ihm laufenden Verjährungsfrist verstorben ist. . . . .“

*) Art. 235 der beiden genannten Strafgesetzbücher lautet:

„Wer wider besseres Wissen durch üble Nachrede in Wort oder Schrift (vergl. Art. 125) oder auf irgend eine andere Art jemanden gegen Andere Handlungen beimißt, welche ihn in der allgemeinen Achtung herabzusetzen und seinen guten Ruf zu gefährden geeignet sind, oder durch arglistige, auf Täuschung berechnete Veranstaltungen jemanden solcher Handlungen verdächtig zu machen sucht, ist mit Gefängnis bis zu sechs Monaten oder, dafern die Strafe nicht über drei Monate Gefängnis ansteigt, mit Geldstrafe bis zu dreihundert Taler zu bestrafen.“

Art. 236 (der beiden genannten Strafgesetzbücher):

„Geht die Verleumdung auf ein Verbrechen, welches im Mindestbetrage mit Arbeitshaus oder mit einer schwereren Strafe bedroht ist, oder ist die Absicht dahin gerichtet, den Anderen, sei es auch wegen eines leichteren Verbrechens, in Untersuchung zu bringen, so kann die im vorigen Artikel angedrohte Strafe bis auf Arbeitshaus von zwei Jahren erhöht werden.“

[1]) Vergl. oben S. 21 f.

leidigungen gegen Verstorbene das Antragsrecht bei allen Arten von Beleidigungen zugelassen war. Besonders auffallend ist diese Einschränkung auf den Tatbestand der Verleumdung aber in dem Falle, in welchem der Verletzte, ohne von der Ehrverletzung, bezw. der Person des Täters, Kenntnis erhalten zu haben, gestorben war, da man doch folgern sollte, der letztere Fall hätte zum mindesten die gleiche Berücksichtigung finden müssen wie der Fall einer Beleidigung gegen einen schon Verstorbenen.

Endlich sei noch darauf hingewiesen, daß die einem Verstorbenen noch zu seinen Lebzeiten zugefügten Beleidigungen auch in Württemberg insofern strafrechtliche Ahndung fanden, als die Württembergische Praxis die Bestimmung des Art. 292, Abs. 3 des St.-G.-B. von 1839[1]) dahin ausdehnte, daß der Erbe als berechtigt angesehen wurde, eine seinem Erblasser bei dessen Lebzeiten zugefügte, ihm jedoch unbekannt gebliebene Injurie zu rügen.[2])

§ 6.

Die Entstehungsgeschichte des § 189 des Reichsstrafgesetzbuches.

1. Bei Schaffung des Strafgesetzbuches für den Norddeutschen Bund, welches späterhin vom deutschen Reich übernommen wurde, hat der Gesetzgeber das St.-G.-B. für die Preußischen Staaten von 1851 zu Grunde gelegt. Daß gerade dieses Gesetzbuch zum Vorbild für die neue Gesetzgebung genommen wurde, geschah lediglich aus Rücksichten praktischer Natur. Hatte sich doch das Preußische St.-G.-B. fast zwei Jahrzehnte lang in dem größten Staate des Norddeutschen Bundes als ein von keiner anderen Gesetzgebung übertroffenes Werk bewährt. Auch hatte eine Anzahl anderer Staaten des Norddeutschen Bundes ihre Gesetzbücher nach Muster des Preußischen Strafgesetzbuches geschaffen, sodaß keines der übrigen im Gebiete des Norddeutschen Bundes geltenden Strafgesetzbücher in einem auch nur annähernd gleichen territorialen Umfange praktisch zur

---

[1]) Vergl. oben S. 22, Anm. 2.

[2]) Vergl. Hufnagel, Kommentar zum St.-G.-B. für das Königreich Württemberg, Bd. II, S. 222.

Anwendung gekommen und hiedurch Juristen wie Laien bekannt und geläufig geworden war.[1])

2. Daß das Strafgesetzbuch für den Norddeutschen Bund auf Grundlage des Preußischen Gesetzbuches aufgebaut wurde, war hinsichtlich der Behandlung von Beleidigungen gegen Verstorbene insofern von Bedeutung, als der Entwurf I des neuen Strafgesetzbuchs, dem Vorgange Preußens folgend, eine Bestimmung in dieser Hinsicht nicht aufnahm. Dementgegen hat sich aber der Entwurf II doch zur Aufstellung einer Strafvorschrift über Beleidigungen gegen Verstorbene entschlossen. Dieselbe ist unter dem Titel „Vergehen, welche sich auf die Religion beziehen" in § 165 E. II (Abschnitt 11 des besonderen Teils) enthalten und lautet:

„Wer das Andenken eines Verstorbenen dadurch beschimpft, daß er eine Tatsache behauptet oder verbreitet, welche denselben zu seinen Lebzeiten verächtlich zu machen oder in der öffentlichen Meinung herabzuwürdigen geeignet gewesen wäre, wird, wenn nicht diese Tatsache erweislich wahr ist, mit Gefängnis bis zu zwei Jahren bestraft.

Die Verfolgung tritt nur auf Antrag der Eltern, der Kinder, oder des Ehegatten des Verstorbenen ein."

Nach dem Inhalt dieses Paragraphen waren also nur solche sich gegen Verstorbene richtende Aeußerungen unter Strafe gestellt, welche den Tatbestand der „verleumderischen Beleidigung" i. S. von § 184 E. II[2]) erfüllten, während eine Strafbarkeit von nur „formalen" (oder „einfachen") Beleidigungen (§ 183 E. II)[3]) nicht gegeben war.

---

[1]) Vergl. Motive zum St.-G.-B. (E. II.) für den Norddeutschen Bund, Sten. Ber. 1870, III (Anl.), S. 28.

[2]) § 184, Abs. 1 E. II (soweit hier in Betracht kommend):

„Wer in Beziehung auf einen Anderen eine Tatsache behauptet oder verbreitet, welche denselben verächtlich zu machen oder in der öffentlichen Meinung herabzuwürdigen geeignet ist, wird, wenn nicht diese Tatsache erweislich wahr ist, wegen verleumderischer Beleidigung mit Gefängnis bis zu zwei Jahren . . . bestraft".

[3]) § 183 E. II:

„Die Beleidigung wird mit Geldstrafe bis zu zweihundert Talern oder mit Gefängnis bis zu einem Jahre und, wenn die Beleidigung mittels einer Tätlichkeit begangen wird, mit Geldstrafe bis zu fünfhundert Talern oder mit Gefängnis bis zu zwei Jahren bestraft."

3. Nachdem der vom Bundesrat festgestellte III. Entwurf sowohl Stellung wie Inhalt des Paragraphen belassen hatte, führte die Reichstagskommission noch verschiedene Änderungen in beiderlei Hinsicht herbei. Zunächst wurde der Strafbestimmung des bisherigen § 165 ein anderer Platz angewiesen, indem deren Versetzung in den Abschnitt über Beleidigungen (Abschnitt 14 des besonderen Teils) erfolgte. Ferner wurde das Höchstmaß der zulässigen Strafe von zwei Jahren Gefängnis auf sechs Monate derselben Strafart herabgesetzt und endlich zwischen die beiden Absätze des bisherigen § 165 ein weiterer Absatz eingefügt, demzufolge beim Vorliegen mildernder Umstände auf eine Geldstrafe (bis zu neunhundert Mark) zu erkennen ermöglicht wurde.

Eine weitere Aenderung des Paragraphen wurde in der Reichstagsverhandlung vom 4. April 1870 seitens des Abgeordneten *Lasker* und Genossen beantragt[1]). Dieser Antrag ging dahin, die Fassung des Paragraphen in der Weise festzulegen, daß nur solche Äußerungen strafbar sein sollten, durch welche „wider besseres Wissen" eine „unwahre" Tatsache behauptet oder verbreitet werde, welche den Verstorbenen zu seinen Lebzeiten verächtlich zu machen oder in der öffentlichen Meinung herabzuwürdigen geeignet gewesen wäre. Nach lebhafter Debatte wurde der Paragraph in der von Lasker und Genossen vorgeschlagenen Fassung angenommen.

Es lautet hienach der § 189 des heutigen Reichsstrafgesetzbuches:

> „Wer das Andenken eines Verstorbenen dadurch beschimpft, daß er wider besseres Wissen eine unwahre Tatsache behauptet oder verbreitet, welche denselben bei seinen Lebzeiten verächtlich zu machen oder in der öffentlichen Meinung herabzuwürdigen geeignet gewesen wäre, wird mit Gefängnis bis zu sechs Monaten bestraft.
>
> Sind mildernde Umstände vorhanden, so kann auf Geldstrafe bis zu neunhundert Mark erkannt werden.
>
> Die Verfolgung tritt nur auf Antrag der Eltern, der Kinder oder des Ehegatten des Verstorbenen ein."

---

[1]) Vergl. Sten. Ber. 1870, II, S. 652 ff.

II. Abschnitt.

Allgemeine theoretische Betrachtungen.

§ 7.

Massgebende Gesichtspunkte für bezw. gegen Aufstellung einer strafrechtlichen Sonderbestimmung über Beleidigungen gegen Verstorbene.

1. Wie oben gezeigt, haben weitaus die meisten der deutschen Strafgesetzgebungen der neueren Zeit, so vor allem auch das Reichsstrafgesetzbuch, Beleidigungen gegen Verstorbene unter Strafe gestellt und hiedurch die Notwendigkeit einer strafrechtlichen Regelung dieses Reates ausdrücklich anerkannt. Dennoch führt schon der Umstand, daß auch einige jener Gesetzgebungen, und hierunter nicht die unbedeutendsten,[1]) Beleidigungen gegen Verstorbene straflos gelassen haben, unwillkürlich zu der Frage, ob die vom Gesetzgeber zu berücksichtigenden Interessen tatsächlich eine Strafbestimmung in dieser Hinsicht erheischen oder ob nicht doch vielleicht von einer solchen abgesehen werden könne. Zur Beantwortung dieser Frage bedarf es zunächst einer Feststellung derjenigen Gründe, welche für bezw. gegen die strafrechtliche Verfolgbarkeit von Beleidigungen gegen Verstorbene in Betracht kommen.

2. Als Grund gegen die Aufstellung einer strafrechtlichen Sonderbestimmung über Beleidigungen gegen Verstorbene ist insbesondere angeführt worden, daß hiedurch der Freiheit der

[1]) Vergl. oben S. 19 ff.

Geschichtsforschung hemmende Schranken gesetzt werden und so eine Gefahr für die Wissenschaft im allgemeinen entstehe.[1])

Es ist eine nicht zu verkennende Tatsache, daß das Leben der meisten Menschen nach ihrem Tode einer Kritik unterworfen zu werden pflegt, kann doch nunmehr das Wirken des Einzelnen, sowie seine Stellung, welche er in der menschlichen Gesellschaft eingenommen hat, als ein abgeschlossenes Ganzes der Beurteilung zu Grunde gelegt und erst hiedurch ein richtiges Gesamturteil über die betreffende Persönlichkeit erzielt werden. Dem Verlangen, nach dem Tode einer Person deren Leben erschöpfend zu kritisieren, kann somit eine gewisse Berechtigung nicht abgesprochen werden. Allein nicht in allen Fällen ist dieses Verlangen nach Kritik in gleichem Maße vorhanden, vielmehr wird es je nach der Bedeutung der Persönlichkeit des Verstorbenen ein stärkeres oder ein schwächeres sein, weshalb auch das Interesse an seinem Schutze durch den Gesetzgeber nicht immer in derselben nachdrücklichen Weise zu begründen ist. Besonders intensiv wird das Verlangen nach Kritik aber da auftreten, wo letztere nicht im Interesse nur eines mehr oder weniger beschränkten Personenkreises, sondern in demjenigen der Allgemeinheit liegt. In solchen Fällen wird das Recht einer öffentlichen Kritik vom Geschichtsschreiber für sich in Anspruch genommen und es dürfte wohl von keiner Seite in Zweifel gezogen werden, daß diesem, dem allgemeinen Interesse dienenden, durchaus berechtigten Verlangen auch vom Gesetzgeber Rechnung zu tragen ist.

Werden nun Beleidigungen gegen Verstorbene unter Strafe gestellt, so erwachsen hieraus dem Geschichtsforscher nicht abzuleugnende Schwierigkeiten. Zu berücksichtigen ist hier besonders, daß die von dem Geschichtsforscher erkannte Wahrheit häufig nur mit Beweisen belegt werden kann, die zwar auf dem Gebiete der Wissenschaft, nicht immer jedoch auch vor dem Richter zur Erbringung des vollen Beweises genügen. Während der Richter zum Beweise der Wahrheit einer Aeußerung im Hinblick auf die hieraus eventuell sich ergebende Freisprechung des Beschuldigten absolut einwandfreies und überzeugendes Beweismaterial, d. h. regelmäßig unmittelbare Zeugenaussagen oder

---

[1]) Vergl. hiezu: Goltdammer, Materialien, S. 340; Abegg, im Archiv des Kriminalrechts, 1844, S. 503 ff.; Sten. Ber. 1870, II, S. 653.

Urkunden erfordern muß, genügt auf dem Gebiete der Geschichtsforschung für den Nachweis der Wahrheit einer zum Zwecke der Kritik aufgestellten Tatsache vielfach die Bezugnahme auf andere Quellen, auf mehr oder weniger sichere Traditionen, oder etwa auf Folgerungen, die mit Ueberzeugung ihrer Richtigkeit aus dem Charakter oder den Werken des Verstorbenen abgeleitet werden. Außerdem ist es aber auch wohl möglich, daß Beweismittel, welche selbst dem Richter gegenüber den vollen Beweis erbracht hätten, nicht mehr zur Verfügung stehen, so z. B. wenn Zeugen verstorben, Urkunden vernichtet sind. Um die Gefahr einer Verurteilung wegen sogenannter übler Nachrede (im geltenden Recht § 186 St.-G.-B.) zu vermeiden, müßte daher der Geschichtsforscher von einer abfälligen (beleidigenden) Kritik über einen Verstorbenen in allen denjenigen Fällen absehen, in welchen er die Wahrheit seiner Aufstellungen nicht mit solchen Beweismitteln belegen könnte, die auch vor Gericht als vollgültig anerkannt werden. Aus diesen Erwägungen folgt, daß durch die Aufnahme einer Strafbestimmung über Beleidigungen gegen Verstorbene das Interesse der Geschichtsforschung leicht geschädigt werden kann.

3. Andererseits darf aber nicht übersehen werden, daß es mit unserem innersten sittlichen Gefühle unvereinbar wäre, wenn es jedermann ungestraft erlaubt sein sollte, sich in beleidigenden Aeusserungen jeglicher Art über einen Verstorbenen zu ergehen und dessen Andenken bei der Nachwelt zu verunglimpfen. Mit Recht ist gerade dieses Moment auch in der Reichstagsverhandlung über den § 189 des heute geltenden Strafgesetzbuches hervorgehoben und nicht unzutreffenderweise dieser Paragraph als „Gefühlsparagraph" bezeichnet worden.[1]) Würde von der Aufstellung einer Strafnorm über Beleidigungen gegen Verstorbene Abstand genommen, so wäre ohne Zweifel die Folge hievon, daß häufig beleidigende Angriffe unternommen würden, deren offene Vertretung aus Furcht vor Strafe dem Lebenden gegenüber nicht gewagt worden war, mit denen jedoch nun in dem sicheren Gefühle, daß nur jener Lebende zur Verteidigung und strafrechtlichen Verfolgung in der Lage gewesen wäre, in keiner Weise mehr zurückgehalten würde.

---

[1]) Vergl. Sten. Ber. 1870, II, S. 654.

Vor allem könnte es aber für diejenigen Hinterbliebenen, welche in nahen persönlichen Beziehungen zu dem Verstorbenen standen, im Hinblick auf die dem Verstorbenen ihrerseits bewahrte Pietät nicht gleichgültig sein, wenn durch beleidigende Angriffe Schmach und Schande auf dessen Andenken bei der Nachwelt gehäuft werden dürfte. Daran, daß dies unterbleibe, haben sie zum mindesten dasselbe Interesse wie daran, daß der Grabesfriede des Toten nicht in frevelhafter Weise gestört werde.[1]) Hält der Gesetzgeber aber einen Schutz des Grabes für angezeigt, so berücksichtigt er hiemit in allererster Linie ein aus Pietät gegen den Verstorbenen entspringendes Interesse naher Hinterbliebener. Es wäre daher nicht zu verstehen, wenn der Gesetzgeber nicht auch dem auf der gleichen Basis beruhenden, nicht weniger anzuerkennenden Interesse dieser Hinterbliebenen an der Reinerhaltung des Andenkens des Verstorbenen durch eine zweckentsprechende Vorschrift Rechnung tragen wollte.

An der Verfolgbarkeit von Beleidigungen gegen Verstorbene kann aber für nahe Hinterbliebene ein Interesse nicht nur im Hinblick auf das dem Toten bewahrte Pietätsgefühl, sondern auch im Hinblick auf Gründe rein materieller Art gegeben sein. Kann doch ihre soziale Stellung, ja ihre ganze Existenz davon abhängen, daß der Ruf des Verstorbenen ein makelloser bleibe[2]). Auch diese Erwägung spricht nicht zum wenigsten für Gewährung einer strafrechtlichen Rüge.

Wenn aber auch nach dem vorstehend Ausgeführten nicht zu verkennen ist, daß nahe Hinterbliebene in begründeter Weise an der Bestrafung von Beleidigungen gegen Verstorbene interessiert sind, so wird dieses Interesse doch wohl zu sehr von denjenigen[3]) betont, welche der Befürchtung Ausdruck geben, es werde bei Nichtberücksichtigung desselben „in gefährlicher Weise

---

[1]) Vergl. Motive z. St.-G.-B. (E. II), Sten. Ber. 1870, III (Anl.), S. 66.

[2]) So kann durch die Behauptung, „ein Verstorbener sei ein notorischer Betrüger gewesen und habe sich zahlreicher Unterschleife schuldig gemacht", die geschäftliche Stellung des Sohnes, welche diesem lediglich im Vertrauen auf seine Redlichkeit übertragen worden, gefährdet erscheinen.

[3]) Vergl. Goltdammer, Archiv für Preuß. Strafrecht, Bd. 15, S. 367; Abegg, a. a. O., S. 500 f., insbes. Anm. 55; Mittermaier, in v. Gross Strafrechtspflege in Deutschland III, S. 370; Sten. Ber. 1870, II, S. 653.

die Privatrache erweckt werden," woraus ein weiterer Grund für Aufnahme einer Strafvorschrift über Beleidigungen gegen Verstorbene entnommen wird.[1])

4. Stellt man nun die verschiedenen für bezw. gegen die Aufnahme einer strafrechtlichen Sonderbestimmung über Beleidigungen gegen Verstorbene sprechenden Gründe einander vergleichend gegenüber, so erscheint es außer Frage, daß den aus dem allgemeinen moralischen Gefühl, sowie insbesondere den aus nahem persönlichem Verhältnisse gewisser Hinterbliebener zu einem Verstorbenen sich ergebenden Momenten gegenüber den im Interesse der Wissenschaft geltend gemachten Bedenken das Uebergewicht zuzusprechen ist. Als Fehler muß es daher bezeichnet werden, wenn, wie teilweise in früheren Gesetzgebungen geschehen, davon Abstand genommen wird, Beleidigungen gegen Verstorbene unter Strafe zu stellen.

§ 8.

Das zu schützende Rechtsgut.

1. Jede Strafbestimmung bezweckt den Schutz irgend eines Rechtsgutes, das durch die unter Strafe gestellte Handlung (bezw. Unterlassung) verletzt wird, somit als Objekt des Delikts sich darstellt. Dieses Rechtsgut kann sein ein allgemeines, wenn Interessen der Staatsbürger in ihrer Gesamtheit in Frage stehen, oder ein besonderes, wenn es sich nur um Interessen einzelner Personen handelt.

Erachtet der Gesetzgeber eine Strafbestimmung über Beleidigungen gegen Verstorbene für erforderlich, so muß er daher not-

---

[1]) Einen noch ferner liegenden Grund für Bestrafung von Beleidigungen gegen Verstorbene suchen die im Jahre 1834 erschienenen Motive zu einem St.-G.-B. für das Königreich Norwegen aus dem „Wohl des Staates" abzuleiten. Diese Motive führen aus, es sei für das Wohl des Staates von Wichtigkeit, daß seine Mitglieder darauf halten, selbst nach ihrem Tode für rechtschaffen und unsträflich angesehen zu werden, indem eine solche Denkungsweise kräftig von Handlungen abhalte, welche sie mit Recht in den Augen ihrer Nebenmenschen herabsetzen und ihnen einen schlechten Ruf zuziehen könnten. Es werde aber dieser Beweggrund zu einem wenigstens äußerlich guten Verhalten ohne Zweifel an Stärke verlieren, wenn der Gesetzgeber, anstatt den Nachruf Abgeschiedener zu beschützen, erlauben wollte, daß jedermann ungestraft durch unerwiesene Beschuldigungen ihr Andenken verdunkele und entehre." (Vergl. Abegg, a. a. O., S. 500 f., Anm. 55.)

wendigerweise von der Voraussetzung ausgehen, daß durch Beleidigungen dieser Art die Verletzung eines allgemeinen, bezw. besonderen Rechtsgutes eintrete. Festzustellen, welches Rechtsgut hier verletzt und demzufolge vom Gesetzgeber geschützt wird, ist Aufgabe dieses Paragraphen.

2. Dem rein äußerlichen Inhalte nach liegt bei einer Beleidigung gegen einen Verstorbenen ein Angriff auf diesen letzeren vor. Würde sich dieser Angriff auf einen Lebenden beziehen, so wäre dessen Ehre als berührt zu bezeichnen. Hieraus ergibt sich die Frage, ob nicht auch dem Verstorbenen noch Ehre zuzuerkennen, sonach diese bei einer gegen den Verstorbenen sich richtenden Beleidigung verletzt und als das vom Gesetzgeber zu schützende Rechtsgut anzusehen sei.

Zur Beantwortung dieser Frage ist zunächst auf den heutigen Ehrbegriff des näheren einzugehen.

Ehre im Sinne des geltenden Rechts ist nicht gleichbedeutend mit dem inneren sittlichen Wert einer Person, denn letzterer ist von dem subjektiven Urteile Anderer unabhängig, kann somit durch dieses weder erhöht noch geschmälert werden. Vielmehr ist hier unter Ehre nur die sogenannte äußere Ehre zu verstehen[1]), d. h. der Zustand des Geachtetwerdens einer Person seitens ihrer Mitmenschen auf Grund der Stellung, welche sie als Mensch und Staatsbürger in der menschlichen Gesellschaft einnimmt. Dieser Zustand des Geachtetwerdens erfordert aber keineswegs, daß dem Einzelnen in positiver Weise gewisse Achtungskundgebungen erwiesen werden, sondern ist schon dann gegeben, wenn von keiner Seite Zeichen der Mißachtung erfolgen. Die Ehre enthält demnach nicht ein Recht auf ein positives Verhalten der Mitmenschen, doch ist mit ihr in Anerkennung ihrer Schutzbedürftigkeit seitens des Gesetzgebers wenigstens ein Recht in negativer Hinsicht verbunden worden, indem die Störung des Zustandes des Geachtetwerdens durch Mißachtungskundgebungen untersagt ist.

Daraus, daß die Ehre als ein Zustand des Geachtetwerdens

[1]) So: v. Liszt, S. 339; Meyer, S. 514 f.; v. Wächter, S. 384; Merkel, S. 287; Olshausen, § 185, N. 2a; Doehow, in v. Holtzendorff, Handbuch, Bd. III, S. 337; v. Bülow, im Gerichssaal, Bd. 46, S. 269; Kronecker, daselbst, Bd. 38, S. 482.

auf Grund der Stellung des Einzelnen in der menschlichen Gesellschaft erscheint, folgt aber, daß auch heute, wie im früheren deutschen Recht der Begriff „Ehre“ wesentlich sozialer Natur ist.

Für den Besitz der Ehre kommt es nun nach der herrschenden und richtigen Ansicht darauf nicht an, ob dem Einzelnen das Bewußtsein des Ehrbesitzes innewohnt, vielmehr werden auch Kinder und andere unzurechnungsfähige Personen als Träger von Ehre angesehen.[1]) Wird die Ehre solcher Personen vorsätzlich und in rechtswidriger Weise angegriffen, so ist, obgleich eine Empfindung dieses Angriffs auf Seiten der Angegriffenen ausgeschlossen ist, trotzdem der Tatbestand der Beleidigung erfüllt. Wenn aber hienach sogar Kindern und sonstigen unzurechnungsfähigen Individuen der Besitz von Ehre zuerkannt und auch die Möglichkeit der Verletzung dieser Ehre angenommen wird, obwohl das Bewußtsein des Ehrbesitzes fehlt und eine Verletzung der Ehre deshalb auch nicht empfunden zu werden vermag, so könnte man zu dem Schlusse geneigt sein, das hier Geltende sei in analoger Weise auch auf Verstorbene, bezw. auf Angriffe gegen deren Ehre anzuwenden. Allein dieser Schluß wäre nicht richtig. Es würde hiebei übersehen, daß in jenen Fällen nur eine besondere Eigenschaft der betreffenden Personen vorliegt, welche sowohl das Bewußtsein des Ehrbesitzes wie die Empfindung einer Verletzung der Ehre verhindert. Trotz dieser konkreten Eigenschaft kann aber solchen Personen die allgemeine, in ihnen wohnende Menschenwürde nicht abgesprochen werden. Diese

---

[1]) So: Binding, Lehrbuch, Bes. Teil, Bd. I, S. 139; Hälschner, Preuß. Strafrecht, Bd. II, S. 246 f.; Olshausen, § 185, N. 7; Kratz, S. 33; RG. 10, S. 372, — 27, S. 366, — 29, S. 398.

Teilw. abw.: v. Liszt, Lehrbuch, S. 340, der bezüglich der Geisteskranken mit der hier vertretenen Ansicht übereinstimmt, bei Kindern aber den Unterschied macht, ob sie in irgend einen Pflichtenkreis eingetreten sind oder nicht. Nur in ersterem Falle soll die Möglichkeit einer Beleidigung gegeben sein. Frank, Vorbem. z. 14. Abschn. des Besonderen Teils, N. II, 1) u. 2), der gleichfalls die Beleidigungsfähigkeit Geisteskranker unbedingt anerkennt, indes bei Kindern die Beleidigungsfähigkeit erst von dem Augenblicke ab für vorliegend erachtet, in dem der Charakter des Kindes eine seiner Stellung in der menschlichen Gesellschaft beeinflussende Beurteilung erfährt.

Dagegen wird die Beleidigungsfähigkeit bei Kindern und sonstigen unzurechnungsfähigen Personen schlechthin verneint von: John, in v. Holtzendorff, Rechtslexikon, „Beleidigung“, S. 263; Hess, S. 29 u. 32.

letztere muß vielmehr als ein angeborenes, von persönlichen Eigenschaften unabhängiges Gut wie bei allen Menschen so auch bei unzurechnungsfähigen Personen anerkannt und hiedurch auch ihnen eine Stellung in der menschlichen Gesellschaft, welche nicht durch Mißachtungskundgebungen geschmälert werden darf, eingeräumt werden. Schon daraus, daß die allgemeine Menschenwürde und mit dieser auch die aus ihr entspringende Ehre mit dem Tode, also zugleich mit Aufhebung der Rechtssubjektivität, notwendigerweise ihr Ende finden muß, folgt aber, daß die hinsichtlich der Ehre und Ehrverletzung unzurechnungsfähiger Personen geltenden Sätze auf Verstorbene nicht übertragen werden können.

Wenn aber auch der Verstorbene nicht mehr als Rechtssubjekt in Betracht kommen und sonach nicht mehr als Träger der aus der allgemeinen Menschenwürde sich ergebenden Ehre erscheinen kann, so ließe sich doch etwa daran denken, das Vorhandensein einer Ehre des Verstorbenen auf irgendwelchem anderen Wege zu begründen. Hiebei gelangt man zu der Frage, ob Ehre nur im Zusammenhang mit der Rehtssubjektivität des Menschen möglich sei. Kann Ehre nicht vielmehr auch unabhängig von letzterer bestehen, und zwar unabhängig in solchem Grade, daß sie von dem Sein oder Nichtsein des Rechtssubjekts in keiner Weise berührt, auch nach dessen Untergang fortdauert?[1]) Spricht man doch von unsterblichem Nachruhm längst Verstorbener! Auch wird die Ehre als das höchste der immateriellen Güter bezeichnet, sodaß man glauben sollte, schon daraus eine Rechtfertigung für ihren selbständigen Fortbebestand ableiten zu dürfen! Wäre aber ein derartiges selbständiges Weiterbestehen der Ehre anzunehmen, so ließe sich auch die Möglichkeit ihrer Verletzung durch beleidigende, gegen den Verstorbenen gerichtete Aeußerungen nicht in Abrede ziehen.

Dennoch kann der Annahme eines Fortdauerns der Ehre nach dem Tode des Menschen nicht beigetreten werden, man würde sich denn zu der oben gegebenen Definition des Ehrbegriffs in direkten Widerspruch setzen. Es ist oben gezeigt worden, daß unter „Ehre“ der Zustand des Geachtetwerdens seitens

---

[1]) Für Bejahung dieser Frage: Meyer, S. 518; Osenbrüggen, die Ehre im Spiegel der Zeit, S. 11; Amsler, S. 97.

der Mitmenschen zu verstehen ist, und daß dieser Zustand die Stellung, welche der Einzelne zufolge seiner Eigenschaft als Mensch und Staatsbürger in der menschlichen Gesellschaft einnimmt, zur Grundlage hat. Von einem „Zustand“ kann jedoch nur solange gesprochen werden, als derselbe besteht. Es unterliegt nun aber keinem Zweifel, daß der Mensch mit seinem Tode aus der menschlichen Gesellschaft und der innerhalb dieser eingenommenen Stellung ausscheidet, woraus folgt, daß auch der auf Grund der sozialen Stellung bestehende Zustand des Geachtetwerdens im Augenblick des Todes endigen muß. Ehre kann hienach nur der Lebende besitzen, indem die Rechtssubjektivität des Menschen und seine Ehre aufs engste mit einander verbunden erscheinen, wogegen eine die Rechtssubjektivität überdauernde, selbständig weiterbestehende Ehre nicht anerkannt zu werden vermag.[1]) Hieraus ergibt sich aber als weitere selbstverständliche Folge, daß auch bei Beleidigungen gegen Verstorbene Ehre der letzteren als Objekt des Delikts nicht in Frage stehen kann.

3. Ist es nach dem soeben Ausgeführten nicht angängig, Ehre des Verstorbenen als Objekt des Delikts zu bezeichnen, so entsteht unwillkürlich die Frage, ob dann nicht vielleicht Ehre von nahen Hinterbliebenen, insbesondere also von „Angehörigen“ des Verstorbenen als Objekt des Delikts erscheine.

Unbestritten ist, daß in einer zunächst gegen den Verstorbenen gerichteten Beleidigung gleichzeitig eine unmittelbare Ehrverletzung dieser Personen liegen kann, nämlich in dem schon mehrfach[2]) erwähnten Falle des sogen. idealen Zusammentreffens (im geltenden Recht § 73 St.-G.-B).

---

[1]) So: v. Liszt, S. 340; Binding, Lehrbuch, Bes. Teil, Bd. I, S. 139; Berner, S. 480; Hälschner, Preuß. Strafrecht, Bd. II, S. 246, Deutsches Strafrecht, Bd. II, S. 199; Schütze, S. 355 u. 361; Temme, S. 852; Tittmann, S. 224 f.; Goltdammer, Materialien, Bd. II, S. 341; Olshausen, § 185, N. 2) b) u. § 189, N. 1); Oppenhoff, § 185, N. 5); Frank, Vorbem. z. 14. Abschn. des Bes. Teils II) 3); Dochow, in v. Holtzendorff, Handbuch, Bd. III, S. 260; Köstlin, S. 26; Schwarze, im Archiv des Kriminalrechts 1854, S. 108; Goltdammer, Archiv für Preuß. Strafrecht, Bd. 15, S. 367; Wahlberg, in v. Holtzendorff, Handb., Bd. III, S. 272; Freudenstein, S. 44 u. 61; Rubo, S. 138 f.; RG. XIII, S. 95.

[2]) Vergl. oben S. 5, Anm. 3), sowie S. 19, Anm. 2).

Eine andere Frage aber ist die, ob, von dem eben erwähnten speziellen Falle ganz abgesehen, nicht bei einer jeden gegen einen Verstorbenen gerichteten Beleidigung zugleich eine unmittelbare Verletzung der Ehre gewisser naher Hinterbliebener allein schon auf Grund ihres persönlichen Verhältnisses zum Verstorbenen angenommen worden müsse.[1]) Einer Bejahung dieser Frage kann indes nicht beigepflichtet werden. Es hiesse dies der Ehre jener Hinterbliebenen eine schwerlich zu rechtfertigende Ausdehnung geben, indem ihr ein allzugroßes Mass von Empfindlichkeit beigelegt würde.

Wollte man aber dementgegen bei Beleidigungen gegen einen Verstorbenen stets zugleich nahe Hinterbliebene in Anbetracht ihrer persönlichen Beziehungen zum Verstorbenen in ihrer Ehre als unmittelbar berührt erachten, so müßte man folgerichtig die Ehre einer Person auch dann als unmittelbar verletzt ansehen, wenn noch am Leben befindliche nahe Angehörige derselben beleidigt werden, denn es wäre nicht zu verstehen, warum das nahe persönliche Verhältnis erst bei Beleidigungen, die nach dem Tode naher Angehöriger gegen letztere erfolgen, dazu geeignet sein sollte, jene Wirkung hervorzurufen. So müßte jedenfalls bei Beleidigungen von (am Leben befindlichen) Kindern und Ehefrauen auch eine gleichzeitige unmittelbare Beleidigung der Väter, bezw. der Ehemänner angenommen werden. Diese Konsequenz ist aber richtiger Weise auch vom geltenden Recht nicht gezogen worden, da es in den in Frage kommenden Fällen mit Gewährung des Antragsrechts an den Vater, bezw. den Ehemann nicht eine Verletzung der Ehre dieses letzteren anerkennen, vielmehr lediglich die Verfolgung einer Verletzung der Ehre des Kindes, bezw. der Ehefrau ermöglichen will.[2])

Kann hienach zwar eine unmittelbare Beleidigung naher Hinterbliebener nicht anerkannt werden, so ließe sich noch eventuell mit Rücksicht auf deren persönliche Beziehungen zu dem angegriffenen Verstorbenen an eine mittelbare Verletzung ihrer Ehre denken, wie auch das römische Recht bei Beleidigungen

---

[1]) Für Bejahung dieser Frage: Meves, Strafgesetznovelle 1876, § 200, Nr. 1. (in Bezold, die Gesetzgebung des Deutschen Reiches, 1876, Bd. III, S. 183); Kayser, Strafrechtszeitung, Bd. XI, S. 598; Landsberg, Injuria und Beleidigung, S. 99.

[2]) §§ 65, 195 St.-G.-B.

gegen den Erblasser eine gleichzeitige mittelbare Ehrverletzung des Erben auf Grund seines intimen Verhältnisses zum Erblasser angenommen hatte.[1]) Allein die Annahme einer mittelbaren Beleidigung hat im geltenden Recht keinen Boden mehr.[2]) Voraussetzung einer mittelbaren Beleidignng wäre die Einheit der Ehre verschiedener in enger persönlicher Verbindung stehender Personen.[3]) Mit Rücksicht hierauf hat schon *Köstlin* zutreffenderweise die Annahme einer mittelbaren Beleidigung als eine „heutzutage wenigstens ganz überflüssige Anomalie“ bezeichnet.[4]) Außerdem kann aber von einer mittelbaren Beleidigung in vorliegendem Falle schon deshalb nicht gesprochen werden, weil eine „mittelbare“ Beleidigung der einen Person erfordert, daß in erster Linie eine „unmittelbare“ Verletzung der Ehre einer anderen eintritt. Wollte man daher bei Beleidigungen gegen Verstorbene nahe Hinterbliebene als mittelbar in ihrer Ehre verletzt bezeichnen, so müßte man zunächst die Ehre der angegriffenen Verstorbenen als unmittelbar betroffen ansehen, also von der Möglichkeit einer Ehrverletzung Verstorbener ausgehen. Hievon kann aber, wie oben dargelegt, nicht die Rede sein.

4. Vielfach wird bei Beleidigungen gegen Verstorbene die Familienehre als Objekt des Delikts genannt.[5]) So haben auch in der Reichstagsverhandlung[6]) über den heutigen § 189 St.-G.-B. zwei Redner, (Berichterstatter Abg. Dr. Wagner und Abg. Dr. Schwarze), von „Familienehre“ und dem ihr zu gewährenden Schutze gesprochen.[7]) Es wird also hier der Familie in ihrer Gesamtheit als einer Art Kollektivpersönlichkeit eine Ehre zuerkannt.

Die Frage, ob Kollektivpersönlichkeiten Ehre besitzen

---

[1]) Vergl. oben S. 4 f.

[2]) So: Hälschner, Bd. II, S. 166; Berner, S. 479; Olshausen, § 185, N. 4; Köstlin, S. 27.

[3]) Vergl. Olshausen, a. a. O.

[4]) Vergl. Köstlin, a. a. O.

[5]) So: v. Liszt, S. 340; Hälschner, Bd. II, S. 199; Schütze, S. 361; v. Schwarze, § 189, N. 4; Frank, § 189, N. I; Gabler, S. 21 f.; Kratz, S. 57; v. Volkmann, S. 53.

[6]) Vergl. Sten. Ber. 1870, II, S. 641 und 653.

[7]) Auch das A. L.-R. für die Preußischen Staaten v. 1794, Teil II, Titel 20, § 564 spricht von Beleidigungen, welche der Familie als solcher zugefügt werden. Vergl. oben S. 19, Anm. 2).

und sonach beleidigt werden können, ist im geltenden Recht zwar bestritten, wird aber wohl mit der herrschenden Lehre zu verneinen sein.[1]) Einer Mehrheit von Personen, von denen eine jede schon an sich ihre eigene Ehre hat, zusammen noch eine weitere, alle Mitglieder dieses Personenkreises umfassende Ehre zuzuschreiben, dürfte eine vom juristischen Standpunkte aus schwerlich zu rechtfertigende Auffassung des Begriffes „Ehre" sein.[2]) Letztere kann vielmehr lediglich als ein Attribut der einzelnen physischen Persönlichkeit erscheinen. Wenn trotzdem auch im gewöhnlichen Leben häufig von „Familienehre" die Rede ist, so kann doch nur die individuelle Ehre der einzelnen Familienglieder gemeint sein.

Allerdings spricht auch das geltende Recht ausdrücklich von Beschimpfung von Religionsgesellschaften und Beleidigungen, welche gegen Behörden und politische Körperschaften „begangen" werden,[3]) anerkennt also eine Beleidigungsfähigkeit dieser Kollektivpersönlichkeiten. Allein die hier in Frage stehenden Beschimpfungen, bezw. Beleidigungen tragen einen ganz besonderen Charakter und es erscheint die Anerkennung der Beleidigungsfähigkeit von Personengesamtheiten in diesen Fällen als einzelnstehende, aus naheliegenden kriminalpolitischen Gründen gemachte Ausnahme von dem Satze, daß nur physische Personen Ehre besitzen, somit nur diese beleidigt werden können.[4]) Es darf hienach aus den erwähnten Bestimmungen des geltenden Rechts nicht der Schluß gezogen werden, daß der Gesetzgeber sich ganz

---

[1]) So: v. Liszt, S. 341; Binding, Lehrbuch, Bes. Teil, Bd. I, S. 140; Meyer, S. 517; Berner, S. 479; Hälschner, Bd. II, S. 170 f.; Olshausen, § 185, N. 11) b); Oppenhoff, § 185, N. 7; Dochow, in v. Holtzendorff, Handb., Bd. III, S. 339 u. 355; RG. 1, S. 178, — 3, S. 246, — 4, S. 75.

A. M.: v. Wächter, Strafrecht, S. 388; Schütze, S. 355; Frank, Vorbem. z. 14. Abschn. des Bes. Teils, N. II) 4); Rüdorff, § 185, N. 13; v. Schwarze, §§ 186, N. 4, 187, N. 7; John, in v. Holtzendorff, Rechtslexikon, „Beleidigung", S. 265.

[2]) Vergl. Freudenstein, S. 45, der die Familienehre einen „wesenlosen Schatten", sowie Binding, Lehrbuch, Bes. Teil I, S. 140, der sie ein „Unding" nennt.

S. auch Motive zu § 165 E. II, Sten. Ber. 1870, III (Anl.), S. 66.

[3]) §§ 166, 196 u. 197 St.-G.-B.

[4]) Vergl. insbes. die oben cit. Entscheidung RG. 4, S. 75.

allgemein für eine Beleidigungsfähigkeit von Kollektivpersönlichkeiten habe aussprechen wollen.

Wollte man das Bestehen einer Familienehre annehmen, so müßte man aber auch bei einer gegen ein lebendes Familienglied begangenen Beleidigung und der hiedurch dann wohl regelmäßig gegebenen Verletzung der Familienehre den übrigen Familiengliedern irgendwelche, wenn auch nur subsidiäre Rechte gewähren. Der Umstand, daß dies im geltenden Recht nicht geschehen ist, mag daher nicht zum wenigsten dafür angeführt werden, daß auch letzterem der Begriff einer Familienehre fremd ist.

5. Zu einer richtigen Beantwortung der Frage nach dem verletzten Rechtsgut wird man erst dann gelangen, wenn man auf die Momente zurückgeht, welche für Aufstellung einer Strafbestimmung über Beleidigungen gegen Verstorbene als maßgebend bezeichnet worden sind. Steht doch die Frage nach dem Objekt eines Delikts in innigstem Zusammenhang mit derjenigen nach den Gründen, welche für Setzung einer dieses Delikt betreffenden Norm ausschlaggebend waren, indem gerade diejenigen Interessen, welche die Bestrafung einer konkreten Handlung als wünschenswert erscheinen lassen, durch letztere Beeinträchtigung erleiden werden.

Es ist nun oben[1]) dargetan worden, daß in erster Linie gewisse Hinterbliebene, welche mit Verstorbenen durch nahe persönliche Bande verknüpft waren, ein Interesse daran haben, daß Beleidigungen, die sich gegen letztere richten, verfolgt werden. Vor allem ist dieses Interesse begründet in dem Gefühl der Pietät, mit welchem nahe Hinterbliebene eines Verstorbenen zu gedenken pflegen, und mit Recht wird daher auch dieses Pietäts- oder Religiositätsgefühl als durch Beleidigungen gegen Verstorbene verletzt bezeichnet.[2]) Dieser Ansicht haben sich auch die Motive zum heutigen § 189 St.-G.-B. angeschlossen, indem sie „das reine tiefe Gefühl, mit welchem der Ueberlebende seines verstorbenen Vaters, seiner Mutter, seines Kindes, oder seines Ehegatten gedenkt," gegen frevelhafte Verletzungen schützen wollen.[3])

[1]) Vergl. oben S. 36.

[2]) So: Olshausen, § 189, N. 1; Schwarze, im Archiv des Kriminalrechts, 1854, S. 114; Wahlberg, in v. Holtzendorff, Handb., Bd. III, S. 272 f.; Dochow, daselbst, S. 358 ff.; Mumm, im Gerichtssaal, Bd. 48, S. 200.

[3]) Vergl. Sten. Ber. 1870, III (Anl.), S. 66.

Allein, es ist weiter gezeigt worden, daß das Pietätsgefühl gewisser Hinterbliebener nicht der einzige für Aufnahme einer Strafvorschrift über Beleidigungen gegen Verstorbene in Betracht kommende Grund ist, vielmehr sprechen hier auch berechtigte materielle Interessen naher Hinterbliebener und weiter noch das allgemeine Sittlichkeitsgefühl in nicht zu übersehender Weise mit. Auch diese materiellen, bezw. sittlichen Interessen können ohne Zweifel bei Beleidigungen gegen Verstorbene als berührt erscheinen, wenngleich hier — jedenfalls was die allgemeinen sittlichen Interessen anbelangt — die Verletzung keine so intensive sein mag, wie hinsichtlich des Pietätsgefühls naher Hinterbliebener. Will man daher letzteres als Objekt des Delikts bezeichnen, so darf dies keineswegs in ausschließlicher Weise geschehen, vielmehr müssen neben dem Pietätsgefühl naher Hinterbliebener auch deren materielle Interessen, sowie das allgemeine Sittlichkeitsgefühl als Objekte des Delikts genannt werden.

Untersucht man aber genauer, auf welche Weise bei Beleidigungen gegen Verstorbene die Verletzung des Pietätsgefühls, sowie der materiellen Interessen naher Hinterbliebener und endlich des allgemeinen Moralitätsgefühls erfolgt, so findet man, daß diese Verletzung stets dadurch hervorgerufen wird, daß zunächst durch die beleidigende Kundgebung das Andenken des Verstorbenen, d. h. das Fortleben desselben in der Erinnerung der Nachwelt befleckt wird.[1]) Erst durch diese Befleckung des Andenkens des Verstorbenen wird weiterhin auch die Interessensphäre naher Hinterbliebener, sowie das allgemeine Sittlichkeitsgefühl betroffen, indem sowohl die hier in Betracht kommenden Interessen der Hinterbliebenen wie diejenigen der Allgemeinheit gerade darauf abgestellt sind, daß das Andenken des Verstorbenen rein erhalten bleibe. Als nächstliegendes, unmittelbares Objekt des Delikts und als ein vom Gesetzgeber sowohl mit Rücksicht auf allgemeine wie auf besondere Interessen zu

---

[1]) So: Binding, Lehrbuch, Bes. Teil, Bd. I, S. 188; Goltdammer, Archiv für Preuß. Strafrecht, Bd. 15, S. 367; Rubo, S. 139; Abegg, im Archiv des Kriminalrechts, 1844, S. 500 f.; Herbst, S. 24.

Dagegen: Köstlin, S. 26, Anm. 3.

schützendes Rechtsgut erscheint somit das dem Verstorbenen von der Nachwelt bewahrte Andenken.[1])

§ 9.

Die unter Strafe zu stellenden Beleidigungen.

1. Das geltende Strafrecht stellt drei Arten von Mißachtungskundgebungen unter Strafe: Die einfache oder formale Beleidigung (§ 185 St.-G.-B.), die üble Nachrede (§ 186 St.-G.-B.) und die Verleumdung (§ 187 St.-G.-B.).

Unter einfacher oder formaler Beleidigung ist eine jede vorsätzliche, die Verletzung der Ehre eines Andern herbeiführende rechtswidrige Kundgebung zu verstehen. Die üble Nachrede und die Verleumdung verlangen dagegen zur Erfüllung ihres Tatbestandes das Behaupten oder Verbreiten einer Tatsache, die geeignet ist, einen Anderen verächtlich zu machen, oder in der öffentlichen Meinung herabzuwürdigen. Hiebei ist der Tatbestand der üblen Nachrede schon dann gegeben, wenn die betreffende Tatsache nicht erweislich wahr ist, während derjenige der Verleumdung erfordert, daß es sich um eine objektiv unwahre Tatsache handelt, und daß die Behauptung oder Verbreitung wider besseres Wissen erfolgt, weiterhin aber auch dann vorliegt, wenn die behauptete oder verbreitete Tatsache geeignet ist, den Kredit eines Anderen zu gefährden.[2])

2. Ob bei einer Strafbestimmung über Beleidigungen gegen Verstorbene alle diese oder nur gewisse Arten von Beleidigungen mit Strafe zu belegen sind, darüber ist in erster Linie im Hinblick auf das zu schützende Rechtsgut, das Objekt des Delikts, zu entscheiden. Wird dieses berücksichtigt, so wird hiedurch zugleich auch den für Aufstellung einer solchen Strafvorschrift geltend gemachten Interessen Rechnung getragen, da sich ja aus ihnen das zu schützende Rechtsgut ergibt.[3]) Daneben

---

[1]) In zutreffender Weise sprechen auch schon die Gesetzbücher von Hessen (1841) und von Baden (1845) von einer Verunglimpfung des „Andenkens" Verstorbener. Vergl. ob. S. 23, Anm. 3) und S. 24, Anm. 1).

[2]) Die Aufnahme der „Kreditgefährdung" in den Paragraphen über Verleumdung ist insofern auffallend, als durch eine Kreditgefährdung zwar ausnahmsweise zugleich eine Ehrverletzung herbeigeführt werden kann, regelmäßig eine solche aber nicht gegeben sein wird.

[3]) Vergl. oben S. 45.

sind aber auch die einer Strafbestimmung über Beleidigungen gegen Verstorbene entgegenstehenden Interessen in Betracht zu ziehen, indem letztere eine möglichst weitgehende Einschränkung der zu bestrafenden Beleidigungen erfordern.

Wie oben gezeigt worden, steht als Objekt des Delikts weder Ehre des Verstorbenen noch Ehre von Hinterbliebenen, bezw. Familienehre in Frage.[1]) Hiemit entfällt aber ein Hauptmoment, welches für Bestrafung aller Arten von Beleidigungen geltend gemacht werden könnte: Das in Wirklichkeit zu schützende Rechtsgut, das Andenken des Verstorbenen bei der Nachwelt, kann durch sogen. einfache oder formale Beleidigungen keinenfalls nachhaltigen Schaden erleiden, da es sich bei Beleidigungen dieser Art lediglich um Kundgebungen einer vereinzelten subjektiven Anschauung des Beleidigers handelt, durch welche die Beurteilung des Verstorbenen von anderer Seite nicht oder doch nicht in nennenswerter Weise beeinflußt zu werden vermag. Einen bleibenden Schaden für das Andenken des Verstorbenen sind vielmehr nur solche Beleidigungen herbeizuführen im Stande, welche eine sogen. üble Nachrede oder eine Verleumdung enthalten, werden doch hier Tatsachen als wahr hingestellt, die in Widerspruch zur Wahrheit stehen oder doch wenigstens sich nicht als wahr erweisen lassen, und zwar Tatsachen, welche dazu angetan sind, die Grundlage, auf der sich die Beurteilung des Verstorbenen bei der Nachwelt aufbaut, in einer für dessen Andenken nachteiligen Weise zu verschieben. Aus diesen Erwägungen folgt zunächst in negativer Hinsicht, daß von einer Bestrafung einfacher Beleidigungen mangels eines Bedürfnisses hiefür abzusehen ist.

Weiter ist aber noch zu untersuchen, ob alle übrigen Beleidigungen (üble Nachrede und Verleumdung) ohne weitere Einschränkung unter Strafe zu stellen sind. Wie schon oben ausgeführt,[2]) pflegt der Geschichtsforscher bei der Kritik eines Verstorbenen häufig Tatsachen aufzustellen, welche er zwar selbst mit vollster Ueberzeugung für wahr hält, für deren Wahrheit indes nur solche Beweismittel vorhanden sind, die wohl vom Standpunkte der Wissenschaft, nicht aber auch von demjenigen des Richters aus als vollgültig anerkannt werden. Wäre hienach die Nicht-

[1]) Vergl. oben S. 38 ff.

[2]) Vergl. oben S. 34 f.

erweislichkeit einer vom Geschichtsforscher als wahr aufgestellten (das Andenken verunglimpfenden) Tatsache festzustellen, so müßte die Verurteilung des letzteren wegen übler Nachrede erfolgen. Im Interesse der Wissenschaft wäre es daher, noch eine weitere Beschränkung der Strafbarkeit von Beleidigungen gegen Verstorbene eintreten zu lassen. Allein eine weitere Einschränkung ginge in unverkennbarer Weise auf Kosten des zu schützenden Rechtsguts, indem nicht nur die Strafbestimmung über Verleumdung (§ 187 St.-G.-B.), sondern insbesondere auch diejenige über üble Nachrede (§ 186 St.-G.-B.) dazu geeignet erscheint, Antastungen des bei der Nachwelt fortlebenden Andenkens Verstorbener zu verhüten.

Um zwischen diesen widerstreitenden Interessen zu vermitteln, ließe sich zunächst daran denken, üble Nachreden, welche sich auf das öffentliche Leben des Verstorbenen beziehen, zu unterscheiden von solchen, welche sein Privatleben betreffen, und nur letztere unter Strafe zu stellen,[1]) dagegen bei Verleumdungen in beiden Fällen Strafe eintreten zu lassen, da für die wissentliche Behauptung oder Verbreitung einer unwahren Tatsache unter keinen Umständen ein Schutz gewährt werden kann. Die erwähnte Unterscheidung der durch üble Nachrede begangenen Beleidigungen nach ihrer Art und ihrer Strafbarkeit könnte insofern berechtigt erscheinen, als es in erster Linie das öffentliche Leben eines Menschen ist, das der Geschichtsforschung anheimfällt. Dennoch wäre eine derartige strafrechtliche Regelung nicht zu billigen, da es zum mindesten außerordentlichen Schwierigkeiten unterliegen würde, üble Nachreden hinsichtlich des öffentlichen Lebens von denjenigen, welche das Privatleben betreffen, scharf abzugrenzen. Insbesondere scheint aber eine solche Grenzziehung schon deshalb nicht wohl durchführbar, weil der persönliche Charakter eines Menschen, sowohl im öffentlichen wie auch im privaten Leben sich widerspiegelt, weshalb bei Gesamtbeurteilung des Charakters unwillkürlich auch das Privatleben mit hereingezogen werden wird.

---

[1]) Vergl.: Abegg, im Archiv des Kriminalrechts, 1844, S. 508 f.; Mittermaier, in v. Gross, Strafrechtspflege in Deutschland, Bd. III, S. 353 f.
Siehe auch oben S. 16.

Weiter könnte aber zum Zwecke der Vermittelung in obigem Sinne in Erwägung gezogen werden, nur wegen derjenigen Beleidigungen (üble Nachrede und Verleumdung) Strafverfolgung zu gewähren, welche binnen eines bestimmten, vom Todestag ab zu berechnenden Zeitraums erfolgen, bei späteren Beleidigungen aber Straflosigkeit eintreten zu lassen.[1]) Allein, wenn auch anerkannt werden mag, daß das Interesse am Schutze des Andenkens eines Verstorbenen mit der Zeit an Intensität verliert, so wird doch gerade unmittelbar nach dem Tode einer historisch bedeutenden Person das Verlangen des Geschichtsforschers, freie Kritik üben zu dürfen, am brennendsten sein. Ferner ist aber auch zu beachten, daß leicht wertvolles geschichtliches Material verloren gehen könnte, bis endlich der Geschichtsforschung freie Bahn gewährt würde. Auch einer Regelung der Strafbarkeit von Beleidigungen (üble Nachrede und Verleumdung) gegen Verstorbene nach der Zeit könnte demzufolge nicht beigetreten werden, ganz abgesehen davon, daß eine Abgrenzung der Strafbarkeit einer Handlung nach dem Kalendertage schon an sich nicht angezeigt erscheinen dürfte.

3. Um zur Festlegung der zu bestrafenden Beleidigungen zu gelangen, ist bisher nur auf das zu schützende Rechtsgut, bezw. auf die für und gegen die Aufstellung einer Strafvorschrift über Beleidigungen gegen Verstorbene sprechenden Interessen Rücksicht genommen worden. Hiebei ist nach Weglassung der Strafbarkeit einfacher Beleidigungen nur ein Interesse der Wissenschaft festgestellt worden, wonach noch eine engere Begrenzung der Strafbarkeit wünschenswert erscheinen würde. Tatsächlich kommt aber zu Gunsten einer umfassenderen Einschränkung noch ein weiterer Gesichtspunkt in Betracht.

Nachdem von der Strafbarkeit einfacher Beleidigungen abgesehen worden, erscheinen außer wider besseres Wissen geäußerter unwahrer Tatsachen (i. S. v. § 187 St.-G.-B.) auch Aeußerungen nicht erweislich wahrer Tatsachen (i. S. v. § 186 St.-G.-B.) als strafbar. Unter den Begriff dieser „nicht erweislich

---

[1]) Vergl. hiezu: Abegg, a. a. O., S. 505 f.; Goltdammer, Archiv für Preuß. Strafr., Bd. 15, S. 368; Köstlin, S. 28; Mittermaier, a. a. O., S. 375 ff. Siehe auch oben S. 16.

wahren“ Tatsachen fallen aber nicht nur im Glauben an die Wahrheit geäußerte objektiv unwahre Tatsachen, bei denen der Wahrheitsbeweis schon nach Lage der Sache unmöglich ist, sondern auch solche objektiv wahre Tatsachen, deren Wahrheit nicht erwiesen zu werden vermag. Bei Feststellung der Nichterweislichkeit kann also eine Verurteilung des Beschuldigten trotz Wahrheit der geäußerten Tatsache eintreten. Diese letztere Erwägung weist aber auf ein bei der Umgrenzung der zu bestrafenden Beleidigungen bisher außer Acht gelassenes Moment hin: Es kann nämlich nicht in Abrede gezogen werden, dass nicht nur bei einer Verleumdung mit Bezug auf einen Verstorbenen die Führung des Beweises der Unwahrheit,[1]) sondern auch bei einer üblen Nachrede über einen Verstorbenen die Erbringung des Wahrheitsbeweises[2]) durch den Tod des Angegriffenen bedeutend erschwert, wenn nicht ausgeschlossen sein kann, da regelmässig eben mit dem Tode nicht unerhebliche Beweismittel nach beiden Seiten hin weggefallen sein werden. Ist aber bei einer üblen Nachrede der Wahrheitsbeweis erschwert, so ist andererseits die zur Verurteilung des Beschuldigten erforderliche Feststellung der Nichterweis-

---

[1]) Man denke z. B. an den Fall, daß einem Verstorbenen wissentlich der Wahrheit zuwider nachgesagt wird, zu einer bestimmten Zeit an einem bestimmten Ort eine ehrenrührige Handlung vorgenommen zu haben. Hier ist es leicht möglich, daß ein zum Nachweis der Unwahrheit der betreffenden Aeußerung in Betracht kommender Alibi-Beweis von dem Verstorbenen selbst ohne Schwierigkeiten hätte erbracht werden können, daß aber etwaige in Frage stehende Hinterbliebene zur Erbringung dieses Beweises nicht im Stande sind.

[2]) z. B. folgender Fall: A begeht einen Diebstahl, indem er aus dem Auslagefenster des Juweliers X eine goldene Uhr entwendet. Außer von B wird dieser Vorgang noch von C wahrgenommen. B hat in dem Dieb sofort den ihm wohlbekannten A erkannt. C hat sich den Dieb zwar angesehen, kennt ihn aber nicht. A stirbt, nachdem er die Uhr zuvor an einen Unbekannten veräußert hat. B erzählt nun, A habe dem X eine goldene Uhr gestohlen, und wird auf Grund dieser Aeußerung wegen „übler Nachrede“ mit Bezug auf den verstorbenen A unter Anklage gestellt. Zum Beweis der Wahrheit seiner Aeußerung beruft sich B auf den C als Zeugen. Letzterer würde seinen Aussagen nach den Dieb der Uhr sofort wieder erkennen, wenn dieser ihm persönlich gegenüber gestellt werden könnte. Da dies aber infolge des Todes des A nicht mehr möglich ist, auch die Wahrheit der von B geäußerten Tatsache anderweitig nicht erwiesen werden kann, muß die Nichterweislichkeit der betreffenden Tatsache festgestellt, B demnach verurteilt werden.

lichkeit der geäußerten Tatsache erleichtert. Bei Gewährung der Strafverfolgung wegen einer üblen Nachrede über einen Verstorbenen würde sich demnach die Lage des Beschuldigten als eine wesentlich schlechtere gestalten wie bei einer üblen Nachrede über einen Lebenden. Hiezu kommt noch, daß in ersterem, für den Beschuldigten sich ungünstiger gestaltenden Falle nur die Verletzung des Andenkens eines Verstorbenen, bezw. weiterhin die Verletzung von Pietäts- oder materiellen Interessen gewisser Hinterbliebener und endlich des allgemeinen Sittlichkeitsgefühls in Frage steht, während in letzterem, für den Beschuldigten günstigeren Falle die Ehre eines Menschen, also ein unvergleichlich höheres Rechtsgut, verletzt wird. Dies dürften aber schwerlich zu rechtfertigende Widersprüche sein.

Soll hier Abhilfe geschaffen werden, so ist dies nur dadurch zu erreichen, daß man zur Verurteilung wegen einer auf einen Verstorbenen sich beziehenden üblen Nachrede nicht wie nach § 186 St.-G.-B. schon „Nichterweislichkeit" der geäußerten Tatsache genügen läßt, sondern positiv den Beweis der objektiven Unwahrheit erfordert. Hiedurch würde erreicht, daß jedermann über einen Verstorbenen, sei es auch zum Nachteil seines Andenkens, die Wahrheit sagen könnte, ohne fürchten zu müssen, trotz Wahrheit der geäußerten Tatsache verurteilt zu werden, falls der durch den Tod des Angegriffenen häufig noch erschwerte Wahrheitsbeweis nicht zu erbringen wäre. Andererseits ist allerdings nicht zu verkennen, daß es nunmehr erleichtert wäre, über einen Verstorbenen die Unwahrheit zu sagen, da die Verurteilung des Beschuldigten nun zur Voraussetzung hätte, daß der Beweis der Unwahrheit dargetan würde, weiter aber auch diese Beweisführung infolge des Todes des Angegriffenen vielfach erschwert sein könnte. Daß durch eine solche Einschränkung der unter Strafe zu stellenden Beleidigungen der Schutz des Andenkens Verstorbener nicht in so intensiver Weise gewahrt würde, wie dann, wenn man schon Nichterweislichkeit zur Verurteilung genügen lassen wollte, tritt hienach klar zu Tage. Dennoch scheint diese Abschwächung des Rechtsschutzes des Andenkens schon lediglich mit Rücksicht auf die sonst nicht zu rechtfertigende ungünstige Stellung des Beschuldigten geboten.

4. Auch mit der eben erwähnten weiteren Einschränkung wird sich aber der Geschichtsforscher noch nicht zufrieden geben. Es sind nämlich gerade bei der Geschichtsforschung Fälle denkbar, in denen der Geschichtsforscher in gutem Glauben an die Wahrheit Behauptungen aufstellt, die zufolge einer Beweisführung von anderer Seite als objektiv unwahr anzusehen sind. Dies muß um so mehr gelten, wenn man in Erwägung zieht, daß es eine historische Wahrheit eigentlich nicht gibt, daß es sich bei der Geschichtsforschung vielmehr nur um eine subjektive Ueberzeugung des Forschers handeln kann, welch letztere außerdem häufig von der Beurteilung der als feststehend geltenden Tatsachen abhängt.[1]) Im Hinblick hierauf wird der Geschichtsforscher Straflosigkeit auch für den Fall verlangen, daß ihm hernach die Unrichtigkeit seiner Argumentierung, somit die Unwahrheit seiner Aufstellung (beleidigenden Inhalts) von anderer Seite nachgewiesen werden sollte. Wollte man dem Interesse der Geschichtsforschung im vollsten Maße Rechnung tragen, so müßte man demnach die Strafbarkeit von Beleidigungen gegen Verstorbene auf den Tatbestand der Verleumdung (i. S. des § 187 St.-G.-B.) beschränken, wobei indes der Fall der Kreditgefährdung auszunehmen wäre, da eine solche bei Verstorbenen naturgemäß nicht mehr in Frage kommen kann. Es wäre also gegenüber dem Beschuldigten nicht nur der Beweis der Unwahrheit, sondern auch der vielfach äußerst schwer zu führende Beweis des Handelns wider besseres Wissen zu erbringen. Durch dieses weitere Beweiserfordernis würde aber der Schutz des Andenkens Verstorbener auf ein Minimum zurückgedrängt werden.

Als Ausweg aus diesem Dilemma dürfte es daher für zweckmässig zu erachten sein, Strafbarkeit von Beleidigungen gegen Verstorbene nicht erst im Falle einer „wider besseres Wissen", geäußerten unwahren Tatsache eintreten zu lassen, sondern, abgesehen von dem subjektiven Erfordernis des Handelns wider besseres Wissen, auch schon dann zu gewähren, wenn lediglich die Aeußerung einer unwahren Tatsache vorliegt, daneben jedoch durch eine besondere Bestimmung dafür Sorge zu tragen,

[1]) z. B.: Ist die durch Bismarck vorgenommene Veränderung des Wortlauts der bekannten „Emser Depesche" als „Fälschung" zu betrachten?

daß eine an sich berechtigt erscheinende Kritik (also speziell auch die vom Geschichtsforscher geübte), selbst wenn sie objektiv betrachtet einen beleidigenden Inhalt aufweisen sollte, der Bestrafung nicht unterliegt.[1]) Außerdem könnte aber der Fall, in welchem dem Täter ein Handeln wider besseres Wissen zur Last fällt, unter entsprechend höhere Strafe gestellt werden.

§ 10.

Offizial- oder Antragsdelikt?

1. Als Grundsatz gilt, daß strafbare Handlungen von Amtswegen (ex officio) zu verfolgen sind (Offizial-Delikte). Doch gibt es auch Fälle, in denen eine Strafverfolgung ohne ausdrücklichen Willen des Beteiligten unnötig erscheinen würde oder für diesen selbst überwiegend nachteilig sein könnte. Der erstere Gesichtspunkt führt dazu, bei geringeren Verletzungen der Person oder des Vermögens die Strafverfolgung von der Stellung eines Strafantrags abhängig zu machen, während der letztere die Abhängigkeit der Strafverfolgung von einem Antrag auch in solchen Fällen angezeigt erscheinen lassen kann, in denen es sich um Delikte schwererer Art handelt[2]) (Antragsdelikte).

2. Durch Beleidigungen gegen Verstorbene ist nach der hier vertretenen Ansicht das Andenken der Verstorbenen bei der Nachwelt als verletzt anzusehen.[3]) An der Reinerhaltung dieses Andenkens hat die menschliche Gesellschaft, somit der Staat, ein Interesse insofern, als die Befleckung des Andenkens Verstorbener zugleich eine Verletzung des allgemeinen Sittlichkeitsgefühls mit sich bringt. Demnach sollte man zunächst eine Offizial-Verfolgung für wünschenswert halten. Allein es ist gezeigt worden, daß durch Verunglimpfung des Andenkens eines Verstorbenen auch Pietätsgefühle und eventuell auch materielle Interessen naher Hinterbliebener berührt werden. Diese Verletzung Hinterbliebener ist aber schwerwiegender wie diejenige, welche die Allgemeinheit in ihrem Sittlichkeitsgefühl erleidet, ja das Uebergewicht der ersteren ist ein derartiges, daß eine Straf-

[1]) Vergl. im geltenden Recht die Bestimmung des § 193 St.-G.-B.

[2]) So z. B. bei Familiendiebstahl und gewissen Sittlichkeitsdelikten.

[3]) Vergl. oben S. 46 f.

verfolgung ohne Willen der beteiligten Hinterbliebenen als unnötig anzusehen wäre. Weiter kann es aber bei Beleidigungen gegen Verstorbene leicht vorkommen, daß der dem Beschuldigten gegenüber zu führende Beweis der objektiven Unwahrheit[1]) seiner Aeußerung nicht erbracht zu werden vermag. In einem solchen Falle würde der Erfolg eines etwa eingeleiteten Strafverfahrens lediglich darin bestehen, daß die beleidigende Aeußerung, auch wenn sie nur in engstem privatem Kreise gefallen wäre, vor die Oeffentlichkeit gebracht und der bei Unerbringlichkeit des Beweises der objektiven Unwahrheit auf dem Andenken des Verstorbenen haften bleibende Schandfleck noch an den Pranger gestellt werden würde. Eine Strafverfolgung würde darum hier dem Interesse der Hinterbliebenen geradezu widersprechen und die Einleitung eines Strafverfahrens ohne ausdrücklichen Willen der letzteren auch aus diesem Grunde nicht zu billigen sein.

Nach dem Ausgeführten sind aber die beiden oben erwähnten Alternativen gegeben, welche den Gesetzgeber zur Aufstellung des Antragserfordernisses führen können. Es ist daher die strafrechtliche Verfolgung von Beleidigungen gegen Verstorbene von der Stellung eines Strafantrages abhängig zu machen, wie auch das frühere Recht eine Bestrafung regelmäßig nur auf Antrag, bezw. Klage, eintreten ließ.

3. Zu erwähnen bleibt noch, daß die Aufstellung des Antragserfordernisses zugleich geeignet ist, den schon mehrfach erörterten Bedenken entgegenzutreten, welche gegen die Verfolgbarkeit von Beleidigungen gegen Verstorbene seitens der Geschichtsforschung erhoben werden können, indem letztere infolge Aufstellung des Antragserfordernisses bei weitem nicht in dem Maße gefährdet erscheint, wie wenn stets ex officio eingeschritten werden müßte.

§ 11.

Der antragsberechtigte Personenkreis.

1. Wird bei einem Delikt die Einleitung des Strafverfahrens von einem vorangegangenen Strafantrag abhängig gemacht, so ist das Recht, Strafantrag zu stellen, denjenigen Personen zu gewähren, in deren besonderem Interesse die Strafverfolgung liegt. Hienach kommen aber bei Beleidigungen gegen Verstorbene

---

[1]) Vergl. oben S. 53 u.

als Antragsberechtigte in erster Linie nahe Hinterbliebene des Verstorbenen in Betracht, denn diese haben, wie schon mehrfach betont, bei weitem das Hauptinteresse an der Herbeiführung der Bestrafung des Täters. Fraglich ist indes, welche Personen hier zu „nahen“ Hinterbliebenen gerechnet werden dürfen.

Zunächst wird das Antragsrecht, abgesehen von dem überlebenden Ehegatten, nur solchen Familienangehörigen des Verstorbenen zuzuerkennen sein, welche mit ihm durch Bande des Blutes verbunden waren, da hinter deren Interesse am Schutze des Andenkens des Verstorbenen dasjenige aller sonstiger, etwa in Frage stehender Hinterbliebener zurücktreten muss. Es sind daher selbst die nächsten Verschwägerten des Verstorbenen, ferner aber auch solche Hinterbliebene, deren Verwandtschaftsverhältnis zum Verstorbenen nur durch Adoption begründet wurde, auszuscheiden. Allenfalls ließe sich daran denken, auch noch Verschwägerten ersten Grades (Schwiegereltern und -Kindern, Stiefeltern und -Kindern), sowie Adoptiveltern und -Kindern wenigstens ein subsidiäres Antragsrecht für den Fall zu gewähren, daß ein überlebender Ehegatte oder ein antragsberechtigter Blutsverwandter nicht vorhanden ist.

Ergibt sich schon hieraus eine wesentliche Beschränkung des antragsberechtigten Personenkreises, so ist weiterhin auch noch zu berücksichtigen, daß das Andenken eines Verstorbenen bei der Nachwelt mit dem Laufe der Zeit unwillkürlich verblassen wird. Hiedurch wird aber auch das Interesse an der Reinerhaltung des Andenkens des Verstorbenen in entsprechender Weise abgeschwächt werden und häufig schon bei der zweiten auf den Verstorbenen folgenden Generation kaum mehr vorhanden sein.

Endlich ist aber nicht zu übersehen, daß durch eine möglichste Einschränkung des antragsberechtigten Personenkreises zugleich auch dem Interesse der freien Kritik, vor allem also demjenigen der Geschichtsforschung, gedient werden kann.

Auf Grund dieser Erwägungen wird man den Kreis der hier für Zuerkennung des Antragsrechts in Betracht kommenden Hinterbliebenen sehr eng zu fassen haben, doch dürften jedenfalls der überlebende Ehegatte, die Eltern und Kinder, sowie auch die Geschwister des Verstorbenen für antragsberechtigt zu erklären sein.

2. Weiter entsteht aber die Frage, ob neben diesen eben genannten hinterbliebenen Angehörigen des angegriffenen Verstorbenen nicht auch seinem Erben als solchem das Recht, Strafantrag zu stellen, zuerkannt werden sollte, da immerhin auch der Fall eintreten kann, daß der Verstorbene seinen Erben nicht aus dem Kreise jener schon durch ihr Familienverhältnis antragsberechtigten Personen gewählt hat.

Denkbar ist allerdings, daß auch der Erbe ein Interesse am Schutze des Andenkens seines Erblassers haben kann. Insbesondere wird er regelmäßig schon allein auf Grund seiner Erbeneigenschaft dem Erblasser ein gewisses Pietätsgefühl bewahren, das durch Beleidigungen gegen letzteren berührt wird. Dieses Interesse des Erben an der Reinerhaltung des Andenkens des Verstorbenen ist jedoch offensichtlich ein viel schwächeres wie das aus nahem Familienverhältnisse entspringende. Wird seitens naher hinterbliebener Familienangehöriger eine Bestrafung nicht verlangt, so ist deshalb auch kein Grund dafür einzusehen, im Hinblick auf das Interesse des Erben Strafverfolgung eintreten zu lassen. Dagegen ließe es sich auch hier eventuell rechtfertigen, dem Erben ein subsidiäres Antragsrecht für den Fall zuzuerkennen, daß antragsberechtigte Familienangehörige nicht vorhanden sind.

Dieser Zurücksetzung des Erben hinter nahe Familienangehörige des Verstorbenen kann nicht etwa entgegengehalten werden, daß Beleidigungen gegen Verstorbene vorkommen können, durch die der Erbe zum mindesten ebenso verletzt erscheint wie nahe Familienglieder, so z. B. in dem Falle, wenn dem Erblasser der Vorwurf gemacht wird, „seine ganze Hinterlassenschaft gestohlen zu haben“,[1]) (indem auch der wissentliche Besitz gestohlener Sachen als unehrenhaft anzusehen ist): In einem Falle wie dem eben angeführten ist die Schwere der Verletzung des Erben nicht in der durch die Verunglimpfung des Andenkens des Erblassers erfolgten Berührung seines Pietätsgefühls, sondern vielmehr in derjenigen seiner Ehre zu erblicken. Die Ehrverletzung des Erben steht also hier in sogenannter idealer Konkurrenz mit der Verletzung des Andenkens des Erblassers und

---

[1]) Vergl. hiezu: Schwarze, im Archiv des Kriminalrechts, 1854, S. 116; Goltdammer, Materialien, S. 341.

es bleibt dem Erben unbenommen, auf Grund seiner Ehrverletzung Strafantrag zu stellen, auch wenn seitens naher Familienangehöriger wegen der Verunglimpfung des Andenkens des Verstorbenen Strafverfolgung nicht verlangt werden sollte.

3. Das Interesse, das nahe Familienangehörige an der Bestrafung von Beleidigungen gegen Verstorbene haben, und auf dem ihr Recht, Strafantrag zu stellen, beruht, kann, wie schon mehrfach erwähnt,[1]) auch materieller Natur sein. Nun können aber auch Fälle eintreten, in denen durch Beleidigungen gegen Verstorbene andere, nicht zu jenen nahen Hinterbliebenen gehörige Ueberlebende, und zwar in nicht geringerem Maße wie jene, in ihrer materiellen Interessensphäre betroffen werden. So kann es vor allem für denjenigen, welcher gemeinschaftlich mit dem Verstorbenen irgendwelchen Geschäftsbetrieb geführt hat, mit Rücksicht auf das nunmehr ohne diesen weiter geführte Geschäft von grossem Nachteil sein, wenn mit Bezug auf den Verstorbenen unwahre Tatsachen beleidigenden Inhalts aufgestellt werden, welche dazu angetan sind, letzteren nicht nur hinsichtlich seiner innegehabten allgemeinen bürgerlichen Stellung, sondern speziell auch als Geschäftsmann in ein zweideutiges Licht zu stellen.

Sieht man indes näher zu, worin in derartigen Fällen die Berührung der materiellen Interessen besteht, so findet man, daß dieselbe durch Gefährdung des Kredits, bezw. des Geschäftsbetriebs des Ueberlebenden erfolgt. Sowohl des Falles der Kreditgefährdung wie auch des Falles der Betriebsgefährdung ist aber im geltenden Recht je in einer besonderen Strafvorschrift gedacht, indem jener Fall, wie schon an früherer Stelle erwähnt,[2]) in § 187 St.-G.-B., dieser in § 7 des Gesetzes zur Bekämpfung des unlauteren Wettbewerbes (vom 27. Mai 1896)[3]) seine strafrechtliche Regelung gefunden hat.

---

[1]) Vergl. insb. oben S. 36.

[2]) Vergl. oben S. 47.

[3]) § 7 dieses Gesetzes lautet:

„Wer wider besseres Wissen über das Erwerbsgeschäft eines Anderen, über die Person des Inhabers oder Leiters des Geschäfts, über die Waren oder gewerblichen Leistungen eines Anderen unwahre Behauptungen tatsächlicher Art aufstellt oder verbreitet, welche geeignet sind, den Betrieb des Geschäfts zu schädigen, wird mit Geldstrafe bis zu Eintausendfünfhundert Mark oder mit Gefängnis bis zu einem Jahre bestraft.“

Auf diese Delikte, welche beide gleichfalls nur auf Antrag verfolgbar sind,[1]) des näheren einzugehen, fällt nicht in den Rahmen vorstehender Abhandlung. Immerhin mag aber an dieser Stelle auf eine Lücke in der Gesetzgebung hingewiesen werden: das geltende Recht hat den Fall nicht berücksichtigt, in welchem der Kredit, bezw. der Geschäftsbetrieb eines Ueberlebenden dadurch gefährdet wird, daß über einen zu dem Ueberlebenden in nahem geschäftlichem Verhältnisse gestandenen Verstorbenen eine abfällige Aeusserung erfolgt. Auch in einem solchen Falle — also speziell auch in dem oben erwähnten, in welchem die kredit- bezw. betriebsgefährdende Aeußerung mit einer gegen den Verstorbenen gerichteten Beleidigung in einer Handlung zusammenfällt — dürfte dem hiedurch in seinem Kredit bezw. Geschäftsbetrieb gefährdeten Ueberlebenden ein Antragsrecht einzuräumen sein.

4. Endlich kommt noch in Frage, ob bei Verübung des Delikts mit Bezug auf einen verstorbenen Beamten, Religionsdiener oder Angehörigen der bewaffneten Macht deren früheren Vorgesetzten die Antragsbefugnis zu gewähren sei, falls die betreffende Aeußerung auf den Beruf des verstorbenen Beamten u. s. w. Bezug hat.

Diese Frage ist zu verneinen, wenn man als allgemeine Voraussetzung für das Antragsrecht der vorgesetzten Beamten erfordert, daß ein ihnen unterstellter Beamter u. s. w. in seiner Ehre verletzt worden ist, denn ein Verstorbener besitzt keine Ehre mehr, kann darum auch nicht mehr beleidigt werden. Dagegen gelangt man zu einer Bejahung obiger Frage, wenn man schon allein im Hinblick auf die Berührung des öffentlichen Dienstinteresses, welche durch eine gegen einen Beamten u. s. w. gerichtete Beleidigung eintritt, Strafverfolgung gewähren will.[2]) Da das Amt als solches von der Persönlichkeit seines Trägers unabhängig ist, und diesen auch bei seinem Tode überdauert, so könnte auch durch eine Beleidigung gegen einen verstorbenen Beamten u. s. w. das Interesse des öffentlichen Dienstes als verletzt erscheinen und hiemit die Voraussetzung für die Strafverfolgung gegeben sein.

---

[1]) § 194 St.-G.-B. und § 12 des Ges. zur Bek. des unlaut. Wettbew.

[2]) Vergl.: Goltdammer, Materialien, S. 170.

Welcher dieser beiden Auffassungen der Gesetzgeber den Vorzug zu geben habe, darüber ließe sich streiten. Immerhin dürfte aber dem Interesse des öffentlichen Amtes etwas zu viel Gewicht beigelegt werden, wenn man eine durch die beleidigende Aeußerung herbeigeführte Verletzung des Amtes schon an sich als zur Strafverfolgung hinreichend bezeichnen wollte. Näherliegend scheint es vielmehr, nur die Ehre des einzelnen Beamten u. s. w., soweit sie sich im Amte verkörpert, als das eigentliche (in besonderem Maße) schutzbedürftige Objekt anzusehen, somit bei Beleidigungen gegen einen verstorbenen Beamten u. s. w. infolge der hier vorliegenden Unmöglichkeit einer Ehrverletzung ein Antragsrecht der früheren Vorgesetzten auszuschließen.[1])

Anhang zum II. Abschnitt.

Strafbarkeit der noch zu Lebzeiten eines Verstorbenen erfolgten Beleidigungen.

1. Die Einleitung des Strafverfahrens erfolgt bei Beleidigungen nur auf Antrag. Fraglich ist indes, ob die Ausübung des Antragsrechts — etwa seitens naher Hinterbliebener — auch dann noch zu gewähren ist, wenn der Verletzte, sei es in Kenntnis, sei es in Unkenntnis der Beleidigung (bezw. des Täters) gestorben ist, ohne zuvor in gesetzlicher Weise auf Bestrafung angetragen zu haben.

Verneint man die Zulässigkeit der Stellung des Strafantrags nach dem Tode des Verletzten, so wird der Täter hiedurch offenbar in eine günstigere Lage versetzt, ohne seinerseits diese Besserstellung verdient zu haben. Man könnte daher zunächst zu der Annahme hinneigen, daß die Einleitung der Strafverfolgnng auch nach dem Tode des Beleidigten als gerechtfertigt anzusehen und hienach vor allem den nächsten hinterbliebenen Familienangehörigen die Befugnis, an Stelle des Verstorbenen Strafantrag zu stellen, einzuräumen sei.

Es würde sich also hier um Uebertragung des dem Beleidigten zustehenden Antragsrechts auf Ueberlebende handeln. Allein hiebei wäre in Betracht zu ziehen, daß die nunmehr An-

[1]) Vergl. Freudenstein, S. 46.

tragsberechtigten leicht eine Aeußerung als Beleidigung auffassen könnten, welche der Verstorbene z. B. auf Grund seiner persönlichen Beziehungen zu dem Täter nicht im entferntesten als Verletzung seiner Ehre aufgefaßt hat, bezw. — falls er in Unkenntnis der Beleidigung (oder des Täters) gestorben ist — aufgefaßt hätte. Abgesehen hievon kann aber weder allein daraus, daß der Beleidigte in Kenntnis der Beleidigung (und des Täters) zu einer Zeit gestorben ist, zu welcher er von seinem Antragsrecht noch hätte Gebrauch machen können, noch allein daraus, daß er in Unkenntnis der Beleidigung (bezw. des Täters) gestorben ist, der Schluß gezogen werden, daß er bei längerem Leben, bezw. im Falle noch erlangter Kenntnis, Strafantrag gestellt haben würde. Ja, selbst wenn der Beleidigte bei erlangter Kenntnis noch zu seinen Lebzeiten die bestimmte Absicht, Strafverfolgung herbeizuführen, geäußert hätte, würde trotzdem eine Uebertragung des Antragsrechts auf gewisse Hinterbliebene nicht zu rechtfertigen sein, denn auch hier kann es nicht als unmöglich erachtet werden, daß der Verletzte bei längerem Leben vielleicht doch noch durch irgendwelche Momente von der Stellung des Strafantrags abgehalten worden wäre. Aus diesen Erwägungen folgt, daß die Befugnis, Strafverfolgung zu beantragen, hier wie — unbestrittenermaßen — überhaupt in den Fällen, in welchen es sich um Verletzung eines immateriellen Rechtsgutes handelt[1]), als ein höchstpersönliches und daher zugleich mit dem Tode der berechtigten Person erlöschendes Recht anzusehen ist, daß sonach ein Uebergang des dem Beleidigten zukommenden Antragsrechts auf Ueberlebende nicht in Frage stehen kann.[2])

Andererseits läßt sich aber nicht leugnen, daß nahe Hinterbliebene im Hinblick auf das Andenken des Verstorbenen bei der Nachwelt daran interessiert sein können, daß wenigstens solche noch zu Lebzeiten des Verstorbenen erfolgte Beleidigungen, die geeignet sind, dessen Andenken zu verdunkeln, zur Aburteilung gelangen, auch wenn der Beleidigte selbst bei seinen Lebzeiten Strafantrag nicht mehr gestellt hat. Ist nach dem oben Ausgeführten eine Uebertragung des dem Verstorbenen zuge-

---

[1]) Vergl.: RG. 11, S. 54.

[2]) Vergl.: Schwarze, im Archiv des Kriminalrechts, 1854, S. 111 ff.

standenen Antragsrechts auf jene Hinterbliebenen nicht möglich, so könnte man daher doch daran denken, diesen letzteren beim Tode des Beleidigten auf Grund ihres eigenen persönlichen Interesses an der Strafverfolgung ein selbständiges Antragsrecht zuzuerkennen. Allein das hier in Betracht kommende Interesse naher Hinterbliebener wäre auch dann nicht zu berücksichtigen, wenn der Verstorbene bei einer noch vor seinem Tode erfolgten Beleidigung von dem ihm zugestandenen Antragsrecht durch Verstreichenlassen der Antragsfrist absichtlich keinen Gebrauch gemacht hätte, denn jegliches Interesse, das für gewisse, dem Beleidigten nahestehende Personen an der Strafverfolgung gegeben sein kann, erscheint gegenüber dem hieran bestehenden Interesse des Beleidigten selbst als das weitaus geringere und zur Begründung eines selbständigen Antragsrechts für den Fall, daß der Beleidigte von einer Strafverfolgung abgesehen hat, nicht für ausreichend. Da aber das hier in Frage kommende, oben bezeichnete Interesse jener zum Beleidigten in nahen persönlichen Beziehungen stehenden Personen nicht zu berücksichtigen ist, wenn die Antragsfrist noch zu Lebzeiten des Beleidigten, ohne von diesem zur Antragsstellung benützt worden zu sein, abgelaufen ist, so ist auch kein genügender Grund für eine Berücksichtigung dieses Interesses einzusehen dann, wenn die an sich ungewisse Stellung des Strafantrags seitens des Beleidigten durch dessen Tod unmöglich geworden ist.

2. Ist sonach in dem Falle einer noch zu Lebzeiten des Verstorbenen erfolgten, von diesem jedoch nicht mehr in der gesetzlich vorgeschriebenen Weise gerügten Beleidigung Strafverfolgung zu versagen, so ist weiter zu untersuchen, ob nicht wenigstens, falls der Beleidigte das Strafverfahren noch selbst eingeleitet und nur dessen Beendigung nicht mehr erlebt hat, eine Fortsetzung der Strafverfolgung durch hiefür etwa in Betracht kommende Hinterbliebene des Verletzten zu gestatten ist.

Die Beleidigung ist ein Delikt, das nicht nur zur Einleitung des Strafverfahrens einen ausdrücklich bekundeten Willen des Beleidigten erfordert, sondern bei dem auch eine Weiterführung des Verfahrens gegen dessen Willen zwecklos erscheinen würde. In richtiger Würdigung dieser Tatsache ist denn auch vom geltenden Recht eine Rücknahme des Strafantrags zugelassen worden.[1])

Mag nun immerhin die Möglichkeit nicht in Abrede gezogen werden, daß der Beleidigte, welcher noch zu seinen Lebzeiten Strafantrag gestellt hat, aber vor Abschluß des Strafverfahrens gestorben ist, bei längerem Leben von seinem Recht, den Strafantrag zurückzunehmen, Gebrauch gemacht hätte, so kann doch irgendwelche Vermutung hiefür nicht anerkannt werden. Weiter ist aber auch in Betracht zu ziehen, daß der Beschuldigte auf Rücknahme des Antrages seitens des Beleidigten diesem gegenüber keinerlei Anspruch gehabt hätte. Diese Erwägungen sprechen in unverkennbarer Weise für Zulässigkeit einer Fortführung des Strafverfahrens auch nach dem Tode des Beleidigten.

Dennoch verlangen andererseits sehr erhebliche Gründe ein Aufhören der Strafverfolgung mit dem Tode des Beleidigten. Durch Stellung des Strafantrags verlangt letzterer nicht nur Bestrafung des Beleidigers, sondern zugleich auch Wiederherstellung seiner verletzten Ehre, d. h. des Zustandes des Geachtetwerdens seitens seiner Mitmenschen. Da nun mit der Existenz der Persönlichkeit zugleich auch die Ehre des Menschen ihr Ende findet, so kommt dieser Zweck der Strafverfolgung als fortan unerreichbar in Wegfall. Ferner ist aber das Strafverfahren von der fortdauernden Zustimmung des Beleidigten abhängig, indem es mit dem Widerspruch des letzteren, ausgedrückt durch Rücknahme des Strafantrags, beendet wird. So wenig aber oben eine Vermutung der Rücknahme des Antrages als zulässig bezeichnet werden konnte, so wenig darf hier eine Vermutung der Nichtrücknahme d. h. der Fortdauer der Zustimmung ausgesprochen werden. Hier wie dort handelt es sich nur um eine notwendige Konsequenz aus dem Satze, daß wie das Antragsrecht so auch das Recht der Rücknahme des Strafantrages als ein höchstpersönliches Recht anzusehen ist. Kann aber die Fortdauer der Zustimmung des Beleidigten nicht vermutet werden, so entfällt hiemit auch eine Hauptbedingung für die Zulässigkeit einer Fortführung des Strafverfahrens nach dem Tode des Beleidigten auf Grund des dem letzteren zugestandenen Strafverfolgungsrechtes, mit anderen Worten: der

[1]) § 194 St.-G.-B.

Eintritt von Ueberlebenden in dieses Recht ist auch dann unmöglich, wenn von dem Beleidigten selbst noch vor seinem Tode Strafantrag gestellt worden ist.[1])

Es könnte also entsprechend dem Falle, daß seitens des Beleidigten eine Rüge der Beleidigung vor seinem Tode ganz unterblieben ist, auch hier eventuell nur in Frage kommen, ob nicht nahen Hinterbliebenen beim Tode des Beleidigten mit Rücksicht auf ihr eigenes Interesse an der Durchführung der Strafverfolgung ein selbständiges Recht zur Weiterbetreibung des Strafverfahrens zu gewähren ist, denn, wie in jenem Falle im Hinblick auf das Andenken des Verstorbenen ein Interesse naher Hinterbliebener an der Einleitung des Strafverfahrens gegeben sein kann, so kann ihnen auch in diesem Falle bei gewissen Beleidigungen ein auf derselben Grundlage beruhendes Interesse an der Vollendung des Verfahrens nicht abgesprochen werden. Ist aber nahen Hinterbliebenen trotz des erwähnten Interesses ein Recht auf Einleitung der Strafverfolgung oben versagt worden, so sollte man auch hier zunächst annehmen, daß ihnen ein Recht auf Durchführung der Strafverfolgung nach dem Tode des Beleidigten nicht zuerkannt werden kann. Allein hier ist die Sachlage insofern eine andere wie in jenem Falle, als dort seitens des Beleidigten ein Verlangen nach Strafverfolgung in gesetzlicher Form überhaupt nicht gestellt worden war, während hier eine solche Willenskundgebung erfolgt ist und nur noch in Frage steht, ob der Beleidigte bei längerem Leben seinen Strafantrag aufrecht erhalten oder ob er ihn zurückgenommen hätte. Wie oben dargelegt, spricht zwar eine Vermutung weder für das eine noch für das andere. Da jedoch hier wenigstens so viel feststeht, daß der Beleidigte Bestrafung des Täters in gesetzmäßiger Weise verlangt und dieses Verlangen bis zu seinem Tode aufrecht erhalten hat, so dürfte es doch im Hinblick auf das genannte Interesse, welches nahe Hinterbliebene an der Durchführung des Strafverfahrens haben können, unbillig erscheinen, wenn man dieses mit dem Tode des Beleidigten in ähnlicher Weise enden lassen wollte, wie wenn etwa der Beleidigte selbst noch den Strafantrag ohne zuvor erfolgten Widerruf der Beleidigung zurückgenommen hätte.

---

[1]) Vergl. hiezu: Schwarze, a. a. O., S. 107 ff.

Kommt man sonach hier mit Rücksicht auf jenes Interesse naher Hinterbliebener zu einer Gestattung der Weiterführung des Strafverfahrens auch nach dem Tode des Beleidigten, so erübrigt noch festzustellen, in welchen Fällen, d. h. bei welchen Arten von Beleidigungen, die Fortsetzung des Verfahrens zuzulassen, bezw. welchen Hinterbliebenen das Recht hierauf einzuräumen ist.

Das hier in Frage stehende Interesse naher Hinterbliebener ist, wie schon erwähnt, im Hinblick auf das Andenken des Verstorbenen bei der Nachwelt begründet. Zwar besteht dieses Interesse nicht wie in dem Falle einer Beleidigung gegen einen schon Verstorbenen in der Erhaltung des guten Andenkens des letzteren, sondern vielmehr darin, daß das Andenken nicht gleich von vorneherein als ein schlechtes entstehe. Da jedoch dieses Interesse zum mindesten ebenso begründet erscheint wie jenes, so dürfte auch der vorliegende Fall in analoger Weise zu regeln sein wie der Fall einer Beleidigung gegen einen schon Verstorbenen. Man wird daher beim Vorliegen solcher Beleidigungen, durch welche über den Angegriffenen eine diesen verächtlich zu machen oder in der öffentlichen Meinung herabzuwürdigen geeignete, objektiv unwahre[1]) Tatsache behauptet oder verbreitet worden ist, die Weiterbetreibung des Strafverfahrens auch nach dem Tode des Beleidigten für zulässig zu erklären und den bei Beleidigungen gegen Verstorbene antragsberechtigten Personen[2]) hier das Recht, Fortsetzung des Verfahrens zu verlangen, einzuräumen haben.

---

[1]) Vergl. oben S. 53.

[2]) Vergl. oben S. 56.

III. Abschnitt.

Das Delikt des § 189 St.-G.-B. und seine strafrechtliche Behandlung.

§ 12.

Der Tatbestand des § 189 St.-G.-B.

1. Das geltende Recht hat bei der Strafbestimmung über Beleidigungen gegen Verstorbene (§ 189 St.-G.-B.) den Tatbestand der Verleumdung i. S. des § 187 St.-G.-B. zu Grunde gelegt, doch kann es sich bei dem Delikt des § 189 nicht um eine Verleumdung im eigentlichen Sinne handeln, da ja eine Verletzung der Ehre des durch die verleumderische Aeußerung Angegriffenen nicht in Frage steht. Es läßt sich deshalb hier nur von einem Analogon der Verleumdung reden[1]). Nicht in den Tatbestand des § 189 aufgenommen ist die in § 187 genannte Kreditgefährdung, deren Verübung natürlicherweise nur einem Lebenden gegenüber möglich ist. Sonach erfordert § 189 zu einer strafbaren „Beschimpfung des Andenkens eines Verstorbenen“ die Behauptung oder Verbreitung einer wissentlich unwahren Tatsache, welche geeignet gewesen wäre, den Verstorbenen bei seinen Lebzeiten verächtlich zu machen oder in der öffentlichen Meinung herabzuwürdigen.

Nicht unter Strafe fallen also diejenigen Kundgebungen beleidigenden Inhalts, welche in § 185 St.-G.-B. unter Strafe gestellt sind, d. h. sogen. einfache oder formale Beleidigungen. Ferner ist nicht strafbar das Behaupten oder Verbreiten einer Tatsache, welche geeignet gewesen wäre, den Verstorbenen zu

[1]) Vergl. Berner, S. 480.

seinen Lebzeiten verächtlich zu machen oder in der öffentlichen Meinung herabzuwürdigen, wenn nur die Nichterweislichkeit der geäußerten Tatsache festgestellt werden kann (sogen. üble Nachrede i. S. v. § 186 St.-G.-B.). Straflos sind aber auch diejenigen Fälle, in denen dem Täter gegenüber wohl der Beweis der Unwahrheit der geäußerten Tatsache (der oben erwähnten Art), nicht aber auch der des Handelns wider besseres Wissen erbracht werden kann.

Diese weitgehende Einschränkung der Strafbarkeit ist nicht zu billigen.

Mit Recht wurde allerdings die in § 165 des II. Entwurfs zum St.-G.-B. vorgeschlagene Fassung[1]) abgelehnt. Nach diesem Paragraphen war das Behaupten oder Verbreiten aller solcher einen Verstorbenen bei seinen Lebzeiten verächtlich zu machen oder in der öffentlichen Meinung herabzuwürdigen geeigneter Tatsachen unter Strafe gestellt, deren Wahrheit nicht erwiesen werden konnte. Daß eine derartige Fassung, abgesehen von den seitens der Geschichtsforschung geltend gemachten Bedenken, schon mit Rücksicht auf die durch den Tod des Angegriffenen vielfach bewirkte Erschwerung des Wahrheitsbeweises und die hiedurch herbeigeführte unverhältnismäßig nachteilige Stellung des Beschuldigten zurückgewiesen werden mußte, folgt aus dem schon oben in dieser Hinsicht Ausgeführten.[2]) Dieser letztere hauptsächlichste Grund zur Abänderung des § 165 E. II ist insbesondere auch in der Reichstagsverhandlung über diesen Paragraphen offen ausgesprochen und anerkannt worden.[3])

Wenn es aber hienach in erster Linie galt, die Lage des Beschuldigten zu verbessern, so war dies zwar nur dadurch zu erreichen, daß man nicht schon Nichterweislichkeit der geäußerten Tatsache zur Verurteilung des Beschuldigten genügen ließ, sondern daß man zur Verurteilung den Beweis der Unwahrheit der betreffenden Aeußerung verlangte. Nicht nötig wäre es dagegen gewesen, außer dem Beweiserfordernis der Unwahrheit auch noch dasjenige des Handelns wider besseres Wissen aufzustellen.

---

[1]) Vergl. oben S. 31.

[2]) Vergl. oben S. 50 ff.

[3]) Vergl. Sten. Ber. 1870, II, S. 653.

Eine derartige weitere Einengung des Tatbestandes hätte eventuell im Hinblick auf das Interesse der freien Geschichtsforschung erforderlich erscheinen können,[1]) allein nach Lage des geltenden Rechts dürfte auch bei aller Berücksichtigung dieses Interesses eine solch weitgehende Einschränkung nicht notwendig gewesen sein. Ist doch vor allem im Hinblick auf die Freiheit der Geschichtsforschung die Strafbestimmung über Beschimpfung des Andenkens Verstorbener, wie sie in § 165 E. II enthalten war, von der Reichstagskommission aus dem 11. Abschnitt des besonderen Teils herausgenommen und in den 14. Abschnitt versetzt worden, um dem heutigen § 193 St.-G.-B. (§ 188 E. II) auch auf diese Strafbestimmung Geltung zu verschaffen.[2]) War aber hiedurch die Anwendbarkeit des § 193 auf die Strafbestimmung über Beleidigungen gegen Verstorbene gesichert, so wäre dem Schutze der Geschichtsforschung vollauf Genüge getan gewesen, wenn man bei Einschränkung des Tatbestandes (des früheren § 165 E. II) es bei dem Erfordernis des Beweises der Unwahrheit der geäußerten Tatsache hätte bewenden lassen, da zufolge der Bestimmung des § 193 St.-G.-B. eine an sich berechtigt erscheinende Kritik, somit vor allem die vom Geschichtsforscher geübte, auch dann straflos bleibt, wenn im Glauben an die Wahrheit Tatsachen beleidigenden Inhalts als wahr aufgestellt werden und diese Tatsachen hernach sich als unwahr erweisen sollten.[3])

Nach dem Ausgeführten kann also das zum Tatbestand des § 189 gehörende Erfordernis des Handelns wider besseres Wissen weder mit Rücksicht auf die Lage des Beschuldigten noch mit Rücksicht auf die Freiheit der Geschichtsforschung für geboten erachtet werden, vielmehr wäre diesen beiden für Einschränkung des Tatbestandes in Betracht kommenden Interessen genügend Rechnung getragen worden, wenn die Aeußerung unwahrer Tatsachen unter Strafe gestellt worden wäre, woneben aber der Fall des Handelns wider besseres Wissen immerhin durch Bedrohung mit höherer Strafe hätte zur Geltung gebracht werden können.

---

[1]) Vergl. oben S. 53.

[2]) Vergl. Sten. Bericht, a. a. O.

[3]) Vergl. auch oben S. 53 f.

Daß § 189 bei der weitgehenden Einschränkung seines Tatbestandes nur sehr selten zur praktischen Anwendung gelangen kann, tritt ohne weiteres zu Tage. Ist doch allein schon infolge des Todes des Beleidigten in vielen Fällen die Erbringung des Beweises der Unwahrheit bedeutend erschwert[1]. Da aber weiter auch der meist nur äußerst schwer zu führende Beweis des Handelns wider besseres Wissen zu erbringen ist, so wird, zumal nach geltendem Recht die Strafverfolgung regelmäßig im Wege der Privatklage zu erfolgen hat[2]) und bei Freisprechung des Beschuldigten dem Privatkläger die Kosten des Verfahrens, wie auch die dem Beschuldigten erwachsenen notwendigen Auslagen zur Last fallen,[3]) der einzelne Klagberechtigte, — selbst wenn er im Stande wäre, den Beweis der Unwahrheit zu erbringen — doch gewöhnlich schon dann von der Erhebung der Privatklage absehen, wenn er auch nur den geringsten Zweifel an dem Gelingen des weiteren, ihm obliegenden Beweises des Handelns wider besseres Wissen hat[4]).

2. Insofern der objektive Tatbestand des § 189 sich mit demjenigen der Verleumdung i. S. von § 187 deckt, ist nach den durch den Zweck vorstehender Abhandlung gegebenen Grenzen auf die einzelnen Tatbestandsmerkmale nicht einzugehen. Dagegen ist folgendes hervorzuheben:

Wird über einen Verstorbenen wider besseres Wissen eine unwahre Tatsache, die ihn bei seinen Lebzeiten verächtlich zu machen oder in der öffentlichen Meinung herabzuwürdigen geeignet gewesen wäre, behauptet oder verbreitet, so wird hiedurch „das Andenken des Verstorbenen“ in strafbarer Weise „beschimpft“. Hierin zeigt sich also der Erfolg des Delikts.

Im einzelnen betrachtet ist unter dem „Andenken“ eines

---

[1]) Vergl. oben S. 51.

[2]) Vergl. unten S. 90.

[3]) § 503, Abs. 2 St.-P.-O.

[4]) Mumm, im Gerichtssaal Bd. 48, S. 200, bezeichnet nicht mit Unrecht den § 189 als „ein Wesen ohne Fleisch und Blut“, als „einen Strohwisch, der zerfetzt und abgerissen niemanden schreckt.“

Wenn Mumm aber, um Abhilfe zu treffen, die Wiederherstellung des Paragraphen in der Fassung des Entwurfes II verlangt (vergl. a. a. O., S. 202), so geht er hier nach dem oben Ausgeführten zu weit.

Verstorbenen der von ihm hinterlassene Ruf, sein Fortleben in der Erinnerung der Nachwelt zu verstehen.

Es wird indes nicht das Andenken eines jeden Verstorbenen[1]) gegen Beschimpfungen geschützt, vielmehr erhält der Begriff „Verstorbener" durch den dritten Absatz des § 189 eine Einschränkung in quantitativer Hinsicht, indem hier als antragsberechtigt nur die Eltern, die Kinder und der Ehegatte des Verstorbenen, dessen Andenken beschimpft worden, aufgeführt werden. Daraus folgt, daß das Andenken solcher Verstorbener, welche Angehörige der genannten Art nicht hinterlassen haben, keinen strafrechtlichen Schutz genießt.

In qualitativer Hinsicht unterliegt dagegen der Begriff „Verstorbener" keinerlei Unterscheidung, insbesondere also auch nicht etwa in der Richtung, daß dem Andenken gewisser Verstorbener ein umfassenderer Schutz zu Teil würde, wie demjenigen sonstiger Verstorbener:

Das geltende Recht stellt zwar Beleidigungen von Souveränen und deren Familienglieder als delicta sui generis unter erhöhte Strafe,[2]) hat aber von entsprechenden Bestimmungen für den Fall, daß das Andenken verstorbener Fürstlichkeiten beschimpft wird, richtigerweise abgesehen. So begreiflich es erscheint, daß Angriffe auf die Ehre gewisser lebender Fürstlichkeiten aus kriminalpolitischen Rücksichten unter höhere Strafe gestellt sind wie Beleidigungen sonstiger Menschen, so wäre doch kein Grund dafür einzusehen, auch dem Andenken jener Persönlichkeiten einen intensiveren Schutz angedeihen zu lassen wie demjenigen anderer Verstorbener.[3])

---

[1]) Welch letzterem auch der für „tot Erklärte" (B.-G.-B. §§ 13 ff.), nicht aber auch der nur „Verschollene" gleichzustellen ist, da der Verschollene bis zur Todes-Erklärung als lebend gilt (§ 19 B.-G.-B.).

Vergl. hiezu: Binding, Lehrbuch, Bes. Teil, Bd. I, S. 188; Olshausen, § 189, N. 3.

[2]) Vergl. den 2. und 3. Abschnitt des bes. Teils des St.-G.-B.

[3]) Möglich ist allerdings, daß durch die Beschimpfung des Andenkens einer verstorbenen fürstlichen Person zugleich die Ehre einer noch lebenden Fürstlichkeit getroffen wird, und aus diesem Grunde neben der Strafbestimmung des § 189 (in idealer Konkurrenz — § 73 St.-G.-B. —) auch diejenigen über Beleidigungen fürstlicher Personen zur Anwendung zu gelangen haben.

Vergl. hiezu RG. 28, S. 171.

Ebensowenig genießt aber auch das Andenken eines verstorbenen Beamten, bezw. Religionsdieners oder Mitgliedes der bewaffneten Macht, einen besonderen strafrechtlichen Schutz, wenn es durch eine verleumderische Aeußerung (i. S. von § 189) mit Bezug auf den früheren Beruf des Beamten u. s. w. beschimpft wird. In § 196 St.-G.-B. wird allerdings den amtlichen Vorgesetzten das Recht, Strafantrag zu stellen, eingeräumt, wenn ein untergebener Beamter u. s. w. in Beziehung auf seinen Beruf[1]) beleidigt wird. Allein § 196 setzt nach herrschender Ansicht für seine Anwendung voraus, daß ein Beamter u. s. w. in seiner Ehre verletzt worden ist, während er noch seine amtliche Stellung innehatte. Ist daher eine Anwendung des § 196 schon dann ausgeschlossen, wenn der Angegriffene zwar noch am Leben, aber nicht mehr im Dienste ist,[2]) so muß dies umsomehr der Fall sein, wenn die beleidigende Aeußerung erst nach seinem Tode erfolgt, somit nicht einmal mehr eine Verletzung seiner Ehre, sondern nur noch seines Andenkens eintreten kann.[3]) Hienach ist es aber nicht möglich, von einem besonderen Schutze des Andenkens eines verstorbenen Beamten u. s. w. durch ein den früheren Vorgesetzten zustehendes Antragsrecht zu reden, ganz abgesehen davon, daß § 189, Abs. 3 die bei Beschimpfung des Andenkens eines Verstorbenen antragsberechtigten Personen in ausschließlicher Weise aufführen will.

Mit dem Ausdruck „beschimpfen" pflegt sonst eine solche Ehrenkränkung bezeichnet zu werden, bei der allein schon durch die Roheit oder die besonders verletzende Form des Ausdrucks die Mißachtung kundgetan wird.[4]) Im Falle des § 189 ist aber „beschimpfen" nicht in diesem Sinne auszulegen, vielmehr folgt schon aus der Fassung des Paragraphen selbst,[5]) daß ein Beschimpfen

---

[1]) Nur dieser (zweite) Fall des § 196 könnte hier in Frage kommen.

[2]) Vergl. RG. 27, S. 193.

[3]) So: Olshausen, § 196, N. 2; Oppenhoff, § 196, N. 3; Frank, § 196, N. I; Freudenstein, S. 46; Reber, S. 379; RG. 13, S. 95.

A. M. Schwarze, § 196, N. 2.

[4]) Vergl. v. Liszt, S. 398; Binding, Lehrbuch, Bes. Teil, Bd. I, S. 179; Olshausen, § 166, N. 3; Frank, § 166, N. 1; Rüdorff, § 166, N. 11; RG. 10, S. 146, — 22, S. 238, — 27, S. 284, — 28, S. 403, — 30, S. 194, — 31, S. 305.

[5]) „Wer das Andenken eines Verstorbenen „„dadurch beschimpft, daß"" . . . ."

des Andenkens stets dann gegeben sein soll, wenn dem Täter ein solches Verhalten zur Last fällt, das einem Lebenden gegenüber als Verleumdung anzusehen wäre.[1]) Der Ausdruck „beschimpfen" dürfte sonach hier lediglich deshalb gewählt sein, weil man von einer „Beleidigung" des Andenkens nicht sprechen kann.[2]) Um allen Zweifeln zuvorzukommen, wäre es wohl richtiger gewesen, das Wort „beschimpfen" zu vermeiden und statt dessen etwa von einer „Verunglimpfung" des Andenkens zu sprechen, wie dies in den früheren Strafgesetzbüchern von Hessen (1841) und von Baden (1845) geschehen ist.[3])

3. Auch eine Erörterung der einzelnen subjektiven Tatbestandsmerkmale des § 189, soweit sie mit denjenigen des § 187 zusammenfallen, kann nicht Aufgabe vorstehender Abhandlung sein. Zu bemerken ist aber nachstehendes:

Da der objektive Tatbestand des § 189 erfordert, daß der Angriff auf einen Verstorbenen Bezug hat, so muß sich der Täter bei seiner Aeußerung gerade auch des Umstandes bewußt sein, daß der Inhalt der Aeußerung einen Verstorbenen betreffe.

Hat der Täter nun zwar mit diesem Dolus gehandelt, so kann gleichwohl eine Bestrafung aus § 189 dann nicht eintreten, wenn die Annahme des Todes des Angegriffenen auf Irrtum beruhte, der Angegriffene also tatsächlich noch lebte. Es liegt hier lediglich ein Versuch des Vergehens i. S. von § 189 vor und zwar ein Versuch am absolut untauglichen Objekt. Ein strafbarer Versuch des Vergehens i. S. von § 189 ist aber schon nach Lage des Gesetzes ausgeschlossen,[4]) sodaß die bestrittene Frage nach der Strafbarkeit eines Versuchs am absolut untauglichen Objekt vollständig dahingestellt bleiben kann. Aber auch eine Bestrafung wegen Beleidigung (speziell wegen Verleumdung) ist nicht möglich, denn hiezu wäre erforderlich, daß der Täter

---

[1]) So: Olshausen, § 189, N. 2; Rüdorff, § 189, N. 3; Hälschner, II, S. 200.

A. M.: Oppenhoff, § 189, N. 3, welcher einen „besonders schweren, das Gefühl der Nachgebliebenen tiefverletzenden" Vorwurf verlangt. Freudenstein, S. 47, der hier gleichfalls „Beschimpfung" als „starke und intensive" ehrenrührige Handlung auslegt.

[2]) Vergl. Schütze, S. 362.

[3]) Vergl. oben S. 23, Anm. 3 und S. 24, Anm. 1.

[4]) § 43, Abs. 2 i. Verb. mit § 1, Abs. 2 St.-G.-B.

mit dem Dolus der Ehrverletzung gehandelt hätte. Da einem Verstorbenen jedoch keine Ehre mehr zukommt, so kann in vorliegendem Falle dem Täter auch nicht ein strafbarer Wille, den Angegriffenen in seiner Ehre zu beleidigen, beigemessen werden.[1])

War umgekehrt der Täter in der irrtümlichen Annahme befangen, der Angegriffene sei noch am Leben, während er tatsächlich schon verstorben war, so liegt nur ein Versuch der Beleidigung (Verleumdung) am absolut untauglichen Objekt vor, der hier gleichfalls schon nach Lage des Gesetzes straflos zu bleiben hat. Eine Bestrafung aus § 189 ließe sich aber auch hier nicht rechtfertigen: Mag immerhin der Dolus der Beleidigung gegenüber dem nach § 189 erforderlichen Dolus der strafrechtlich schwerere sein, so läßt sich doch nicht sagen, daß beim Verstorbensein der vom Täter für lebend gehaltenen Person, diesem ohne weiteres der Dolus des § 189 zugerechnet werden dürfe, zumal Fälle denkbar sind, in denen der Täter die betreffende Aeußerung unterlassen hätte, wenn ihm bewußt gewesen wäre, daß der Angegriffene nicht mehr lebe.[2]) [3])

Hat aber der Täter, obwohl er sich im Zweifel über Tod oder Leben des Angegriffenen befand[4]), von der verleumderischen Aeußerung nicht Abstand genommen, so hat, falls der Angegriffene

---

[1]) Vergl. hiezu: Olshausen, § 185, N. 2) b), RG. 26, S. 33, sowie Kohler, in Goltdammers Archiv für Strafrecht, Bd. 47, S. 13, der aber hier Bestrafung aus § 189 zulassen will, „denn ich habe einen Verstorbenen zu schmähen beabsichtigt und daß die Schmähungen einen Lebenden getroffen, ist ein Aequivalent dessen, als ob ich meine Worte wirklich in Bezug auf einen Toten geäußert hätte.“ (Gegen letztere Auffassung auch Olshausen, a. a. O.)

[2]) Zuzugeben ist allerdings, daß dieses Resultat in denjenigen Fällen nicht als ein befriedigendes bezeichnet werden kann, in denen die Annahme begründet erscheint, daß der Täter von der betreffenden Aeußerung auch dann nicht abgesehen hätte, wenn er Kenntnis von dem Tode der angegriffenen Person gehabt oder sich doch wenigstens über Leben oder Tod derselben im Zweifel (dolus eventualis!, s. u.) befunden hätte.

[3]) Kohler, a. a. O., will auch bei diesem Irrtum des Täters § 189 zur Anwendung bringen: „Allerdings geht die Verleumdungsabsicht hier weiter (wie bei dem Delikt des § 189): es ist eine Verleumdungsabsicht nach § 187; allein eine solche steht mindestens der Verleumdungsabsicht bezügl. eines Toten gleich und insofern deckt sich Wille und Tat.“

Zustimmend Olshausen, a. a. O.

[4]) Fall des sog. dolus eventualis.

verstorben ist, Bestrafung aus § 189, falls er dagegen lebt, Bestrafung aus § 187 einzutreten.

Endlich sei hier noch darauf hingewiesen, daß es für die Strafbarkeit des Täters unerheblich ist, ob er bei seiner Aeußerung Kenntnis von dem Vorhandensein antragsberechtigter Hinterbliebener gehabt hat[1]): Die subjektive Verschuldung braucht sich nur auf die zum objektiven Tatbestand des Delikts gehörigen Merkmale zu erstrecken. Hiezu gehört aber das Vorhandensein antragsberechtigter Hinterbliebener nicht, vielmehr erscheint letzteres nur als eine außerhalb des objektiven Tatbestandes liegende Bedingung der Strafverfolgung.

§ 13.

Das Objekt des Delikts.

1. Bezüglich der Frage, welches Rechtsgut als durch das Delikt des § 189 St.-G.-B. verletzt anzusehen sei, gehen die Ansichten in verschiedenster Weise auseinander.

Einigkeit besteht nur in negativer Hinsicht und auch hier nur in soweit, als eine mittelbare, lediglich auf Grund naher persönlicher Beziehungen zum Verstorbenen beruhende Ehrverletzung Hinterbliebener allgemein verneint wird.[2])

Im übrigen wird als Objekt des Delikts außer der Ehre des Verstorbenen selbst[3]) sowohl die Ehre naher hinterbliebener Familienglieder[4]) wie die Familienehre als solche,[5]) weiter aber auch das Pietätsgefühl naher überlebender Angehöriger[6]) und das Andenken des Verstorbenen[7]) genannt.

---

[1]) Vergl. Freudenstein, S. 48.

[2]) Vergl. hiezu: Berner, S. 479; Hälschner, II, S. 166 f.; Olshausen, § 185, N. 4.

[3]) So: Meyer, S. 518; Osenbrüggen, die Ehre im Spiegel der Zeit, S. 11.

[4]) So: Meves, Strafgesetznovelle 1876, § 200, N. 1; Kayser, Strafrechtszeitung, Bd. XI, S. 598; Landsberg, Injuria und Beleidigung, S. 99.

[5]) So: v. Liszt, S. 340; Hälschner II, S. 199; Schütze, S. 361; v. Schwarze, § 189, N. 4; Frank, § 189, N. I; Gabler, S. 21 f.; Kratz, S. 57; v. Volkmann, S. 53.

[6]) So: Olshausen, § 189, N. 1; Wahlberg, in v. Holtzendorff, Handbuch, Bd. III, S. 272 f.; Dochow, daselbst, S. 358 ff.; Mumm, im Gerichtssaal, Bd. 48, S. 200.

[7]) So: Binding, Lehrb., Bes. Teil, Bd. I, S. 188; Reber, S. 382 f.; Herbst, S. 23.

2. Nach der hier vertretenen Ansicht[1]) besitzt der Verstorbene keine Ehre mehr, somit kann auch bei § 189 St.-G.-B. Ehre des Verstorbenen nicht als Objekt des Delikts in Frage stehen.

Auch eine durch „Beschimpfung des Andenkens Verstorbener" herbeigeführte (unmittelbare) Verletzung der Ehre naher hinterbliebener Familienglieder vermag nicht anerkannt zu werden.[2]) Insbesondere kann aber allein aus dem Umstande, daß in § 189, Abs. 3 gewissen Angehörigen des Verstorbenen das Recht, Strafantrag zu stellen, erteilt ist, nicht entnommen werden, daß der Gesetzgeber gerade diese Personen als in ihrer Ehre verletzt bezeichnen wollte, zumal auch an anderen Orten des Abschnitts über Beleidigungen Antragsberechtigte genannt werden, welche unbestrittenermassen nicht als die Verletzten erscheinen.[3])

Endlich ist auch die Annahme einer Familienehre nicht zu billigen,[4]) weshalb auch der Bezeichnung der letzteren als Objekt des Delikts i. S. von § 189 nicht beigetreten werden kann. Allerdings ist in der Reichstagsdebatte über den heutigen § 189 hervorgehoben worden, daß dieser Paragraph, welcher in E. II als § 165 im Abschnitt über Vergehen mit Bezug auf die Religion untergebracht war, in Anbetracht der Verletzung der „Familienehre" wohl besser in den Abschnitt über Beleidigungen aufgenommen werde.[5]) Hieraus folgt indes keineswegs mit Notwendigkeit, daß mit der hernach tatsächlich vorgenommenen Versetzung des Paragraphen in diesen Abschnitt auch seitens des Gesetzgebers das Vorhandensein einer Familienehre, mithin diese als Objekt des Delikts hätte anerkannt werden wollen. Uebrigens ist in derselben Reichstagsverhandlung von anderer Seite ausgeführt worden, daß die Reichstagskommission die Versetzung des Paragraphen in den Abschnitt über Beleidigungen aus dem Grunde vorgeschlagen habe, um ihn im Interesse der Freiheit der Geschichtsforschung dem (heutigen) § 193 St.-G.-B. zu unterstellen.[6]) Weiter mag aber hier noch in Betracht gezogen werden, daß gerade die

[1]) Vergl. hiezu oben S. 38 ff.

[2]) Vergl. hiezu oben S. 41 f.

[3]) Vergl. §§ 195 und 196 St.-G.-B. (Antragsrecht des Ehemanns, bezw. der amtlichen Vorgesetzten).

[4]) Vergl. hiezu oben S. 43 ff.

[5]) Sten. Ber. 1870, II, S. 641.

[6]) Sten. Ber. 1870, II, S. 653.

Motive zum (heutigen) § 189 in ausdrücklichster Weise gegen die Annahme einer Familienehre Stellung genommen haben.[1])

3. Wenn als Objekt des Delikts des § 189 das Pietätsgefühl naher überlebender Angehöriger genannt wird, so kann diese — auch von den Motiven[2]) vertretene — Ansicht durchaus nicht als unrichtig bezeichnet werden, denn tatsächlich werden durch „Beschimpfungen des Andenkens Verstorbener" diejenigen Gefühle berührt, mit welchen nahe Angehörige eines Toten zu gedenken pflegen. Allein abgesehen davon, daß eine Verletzung dieses Pietätsgefühls zur notwendigen Voraussetzung hat, daß zunächst der gute Ruf, das Andenken des Verstorbenen, getrübt wird,[3]) dürfte schon die Fassung des § 189 darauf hinweisen, daß auch der Gesetzgeber weniger die Verletzung des Pietätsgefühls naher hinterbliebener Angehöriger, als vielmehr die in erster Linie eintretende Verunglimpfung des Andenkens des Verstorbenen vor Augen gehabt hat, somit zutreffenderweise gerade dieses als nächstliegendes, unmittelbares Objekt des Delikts hervorheben wollte. Wäre der Gesetzgeber von der Auffassung ausgegangen, daß als unmittelbares Objekt des Delikts das Pietätsgefühl gewisser Angehöriger in Betracht komme, so hätte er den § 189 wohl nicht mit den Worten: „Wer das Andenken eines Verstorbenen dadurch beschimpft, daß u. s. w." eingeleitet, sondern er wäre wohl zu einer Fassung gekommen, wie: „Wer Pietäts- (oder religiöse) Gefühle hinterbliebener Angehöriger dadurch verletzt, daß er über einen Verstorbenen wider besseres Wissen u. s. w.". Zum wenigsten müßte aber die Ansicht, welche das Pietätsgefühl Angehöriger als unmittelbares Objekt des Delikts des § 189 nennt, zur Grundlage haben, daß letzterem Paragraphen hinsichtlich des Objekts eine vollständig indifferente Fassung gegeben worden wäre, indem der Gesetzgeber etwa nur gesagt hätte: „Wer über einen Verstorbenen wider besseres Wissen eine unwahre Tatsache behauptet oder verbreitet, welche denselben bei seinen Lebzeiten verächtlich

---

[1]) Sten. Ber. 1870, III (Anl.), S. 66, § 165 E. II:
„. . . . eine Familienehre kennt das Gesetz nur insoweit, als sie mit der persönlichen Ehre der lebenden Familiengenossen zusammenfällt . . . ."

[2]) Sten. Ber., a. a. O. -- Vergl. auch oben S. 45.

[3]) Vergl. oben S. 46.

zu machen oder in der öffentlichen Meinung herabzuwürdigen geeignet gewesen wäre, wird . . . . bestraft".

4. Am richtigsten wird man daher als eigentliches, unmittelbares Objekt des Delikts i. S. von § 189 das Andenken des Verstorbenen bezeichnen, wodurch aber keineswegs verneint werden soll, daß durch die Verletzung des Andenkens weiterhin auch das Pietätsgefühl hinterbliebener Angehöriger als berührt erscheint und somit wenigstens als mittelbares Objekt des Delikts angesehen werden kann, wie auch das allgemeine Sittlichkeitsgefühl und eventuell materielle Interessen hinterbliebener Angehöriger als mittelbar verletzt anzusehen sind.[1])

§ 14.

Der Strafantrag.

1. Das Vergehen des § 189 ist nur auf Antrag gewisser hinterbliebener Angehöriger des Verstorbenen zu verfolgen. Hiemit ist in zutreffender Weise anerkannt, daß das Interesse, welches die Allgemeinheit, d. h. der Staat, an der Reinerhaltung des Andenkens Verstorbener hat, hinter demjenigen von Angehörigen des Verstorbenen zurücksteht, und daß demzufolge eine Strafverfolgung ohne ausdrücklichen Willen der letzteren nicht angezeigt wäre.[2])

Wenn aber von den Motiven zu § 165 E. II, dem heutigen § 189 St.-G.-B., ausgeführt wird,[3]) daß durch Aufstellung des Antragserfordernisses zugleich den Einwendungen begegnet werde, welche im Interesse einer freien Geschichtsforschung gegen eine solche Strafbestimmung erhoben zu werden pflegen, so ist darauf hinzuweisen, daß diese an sich richtige Erwägung wohl im Hinblick auf die in § 165 E. II gegebene Fassung[4]) des Tatbestandes Platz greifen konnte, daß aber durch die vom Reichstage vorgenommene Einengung des Tatbestandes auf den der (wider besseres Wissen verübten) Verleumdung das Interesse der Geschichtsforschung schon mehr wie genug berücksichtigt worden war und keinenfalls weiterhin für Aufstellung des Antragserfordernisses noch in Betracht kommen konnte, indem eine wider besseres Wissen vorgehende Geschichtsschreibung einen Rechtsschutz nicht zu beanspruchen hat.

[1]) Vergl. oben S. 46.

[2]) Vergl. oben S. 54 f.

[3]) Sten. Ber. 1870, III (Anl.), S. 66.

[4]) Vergl. oben S. 31.

2. Bezüglich der Ausübung des Antragsrechts gelten die allgemeinen Bestimmungen der §§ 61 ff. St.-G.-B. Hierauf des näheren einzugehen, kann nicht im Zwecke vorstehender Abhandlung liegen.

Indes ist hier zu erwähnen, daß das Recht der Rücknahme des Strafantrages (§ 64 St.-G.-B.) hinsichtlich des Vergehens des § 189 erst seit der Strafgesetznovelle vom 26. Februar 1876 unbestritten ist. Bis dahin hatte nämlich der zweite Satz des § 194 St.-G.-B. nur gelautet: „Die Zurücknahme des Antrags ist zulässig". Da aber der erste Satz des § 194 nur von einer „Beleidigung" spricht und das Eintreten einer Beleidigung im Sinne einer tatsächlichen Ehrverletzung bei dem Delikt des § 189 äußerst bestritten ist,[1]) so konnte die Anwendbarkeit des in § 194, Satz 2 genannten Zurücknahmerechts auf den gem. § 189 gestellten Strafantrag in Zweifel gezogen werden. Die Strafgesetznovelle vom 26. Februar 1876 hat nun durch Einfügung der Paragraphenziffern „(§§ 185—193)" die Geltung des § 194, Satz 2 auf alle vorangehenden Delikte des 14. Abschnitts, somit auch auf dasjenige des § 189, außer Zweifel gestellt.

Ferner möge hier noch darauf hingewiesen werden, daß gerade durch die Einräumung des Rechts, den Strafantrag zurückzunehmen, besonders klar zu Tage tritt, wie sehr auch seitens des Gesetzgebers dem Interesse naher hinterbliebener Angehöriger an der Strafverfolgung das Uebergewicht gegenüber dem hieran bestehenden staatlichen Interesse beigelegt worden ist.

§ 15.
Die antragsberechtigten Personen.

1. Der Kreis der antragsberechtigten Personen ist nach dem geltenden Recht überaus eng begrenzt, indem das Antragsrecht nach § 189, Abs. 3 nur den Eltern, den Kindern und dem Ehegatten des Verstorbenen zusteht.

Zweckmäßig wäre es wohl gewesen, neben diesen Personen auch den Geschwistern[2]) des Verstorbenen das Antragsrecht zu verleihen, da auch sie, sowohl im Hinblick auf das dem Verstorbenen bewahrte Pietätsgefühl wie auch im Hinblick auf rein

---

[1]) Vergl. oben § 13.

[2]) Vergl. oben S. 56.

materielle Gründe ein nicht zu leugnendes Interesse an der Reinerhaltung des Andenkens des Verstorbenen haben können.

Daß in § 189, Abs. 3 nicht auch die Geschwister des Verstorbenen unter den antragsberechtigten Personen aufgeführt werden, dürfte um so mehr befremden, als doch im Falle des Todes eines Verurteilten nach § 401, Abs. 2 St.-P.-O. auch dessen Geschwistern das Recht, die Wiederaufnahme des Verfahrens zu betreiben, zuerkannt ist. Abgesehen hievon ist aber ein wesentlicher Grund, welchen die Motive für möglichste Einengung des antragsberechtigten Personenkreises in zutreffender Weise aus dem Interesse der Geschichtsforschung ableiten,[1]) infolge der durch den Reichstag herbeigeführten weitgehenden Einschränkung des Tatbestandes des § 189 in Wegfall gekommen, da, wie schon wiederholt betont,[2]) eine wider besseres Wissen vorgehende Geschichtsforschung irgend welches Schutzes nicht bedarf.

2. Was im einzelnen die nach § 189, Abs. 3 antragsberechtigten Personen betrifft, so sind unter „Eltern" und „Kindern" hier mit Ausschluß aller weiterer Verwandten auf- und absteigender Linie nur die leiblichen Eltern und Kinder zu verstehen.[3]) Diese Einschränkung findet ihre Bestätigung auch in der Ausdrucksweise der Motive.[1]) Nicht antragsberechtigt sind daher Stief-, Schwieger-, sowie Adoptiv-Eltern und -Kinder.

Als leiblicher Vater kommt aber nur derjenige in Betracht, dessen väterliche Rechte nach zivilrechtlicher Auffassung anerkannt werden. Demnach hat der Vater eines unehelichen Kindes kein Antragsrecht, wohl aber steht dieses Recht der Kindsmutter zu.[4]) Umgekehrt ist ein uneheliches Kind nur bei Beschimpfung des Andenkens seiner Mutter antragsberechtigt. Durch nachfolgende Ehe des Vaters mit der Mutter des unehelichen Kindes[5]) oder durch Ehelichkeitserklärung des letzteren[6]) erhalten Vater und Kind das Antragsrecht.

„Eltern" und „Kinder" sind Kollektivbegriffe, woraus aber

---

[1]) Sten. Ber. 1870, III (Anl.), S. 66.

[2]) Vergl oben S. 49 und S. 77.

[3]) Vergl. Olshausen, § 189, N. 5; Oppenhoff, § 189, N. 7.

[4]) §§ 1589, Abs. 2, und 1705 B.-G.-B.

[5]) § 1719 B.-G.-B.

[6]) §§ 1723 und 1736 B.-G.-B.

keineswegs der Schluß zu ziehen ist, daß das Antragsrecht nur von beiden Eltern, bezw. von allen Kindern gemeinschaftlich ausgeübt werden darf. Eine solche Auslegung würde insbesondere auch dem Wortlaute der Motive widersprechen.[1]) Es steht vielmehr dem Vater und der Mutter, sowie jedem Kinde ein eigenes, durchaus selbständiges Antragsrecht zu.

Als „Ehegatte“ des Verstorbenen kommt hier auch der wieder verheiratete[2]), nicht aber auch der geschiedene,[3]) bezw. derjenige Ehegatte in Betracht, dessen eheliche Gemeinschaft mit dem Verstorbenen zufolge Vorliegens eines Scheidungsgrundes gem. § 1575 B.-G.-B. aufgehoben wurde.

3. Daß das den amtlichen Vorgesetzten gem. § 196 St.-G.-B. zustehende Antragsrecht auf den Fall des § 189 keine Anwendung findet, ist schon oben erwähnt worden.[4])

Selbst wenn man davon absehen wollte, daß § 189, Abs. 3 die antragsberechtigten Personen in erschöpfender Weise aufführen will, so könnte bei der Beschimpfung des Andenkens eines verstorbenen Beamten, Religionsdieners oder Mitgliedes der bewaffneten Macht den amtlichen Vorgesetzten auf Grund des § 196 ein Antragsrecht doch nur dann zuerkannt werden, wenn dieser Paragraph nicht eine tatsächlich eingetretene Ehrverletzung des Beamten u. s. w. zur Voraussetzung hätte, sondern schon allein mit Rücksicht auf eine Verletzung des öffentlichen Dienstinteresses gegeben wäre.[5]) Daß letzteres aber nicht zutrifft, § 196 zu seiner Anwendung vielmehr in erster Linie eine Verletzung der Ehre eines (sogar noch im Dienste befindlichen) Beamten u. s. w. erfordert, wird von der herrschenden Lehre wie auch von der Praxis anerkannt.[6])

---

[1]) Sten. Ber. 1870, III (Anl.), S. 66.

[2]) So: Olshausen, § 189, N. 5; Oppenhoff, § 189, N. 7; Rüdorff, § 189, N. 2. A. M. Reber, S. 384.

[3]) A. M. Blum, das St.-G.-B. für den Nordd. Bund, § 189, N. 11.

[4]) Vergl. oben S. 71.

[5]) Vergl. oben S. 59.

[6]) Vergl. oben S. 71, insbes. Anm. 2 und 3, sowie die Motive zu § 191 E. II, (heute § 196 St.-G.-B.),

Sten. Ber. 1870, III (Anl.) S. 69: „. . . . . Es stellen sich die hieher gerechneten Fälle immer nur als Ehrenverletzungen, wenngleich besonders schwerer Art dar . . . .“

§ 16.

Die Strafe.

1. Die Strafdrohung des § 189 St.-G.-B. ist trotz der Aehnlichkeit des Tatbestands dieses Paragraphen mit demjenigen des § 187 St.-G.-B. doch eine wesentlich geringere. Dies erscheint als eine notwendige Konsequenz daraus, daß es sich im Falle des § 189 nur um Verletzung des Andenkens eines Verstorbenen bei der Nachwelt, bezw. weiterhin um Verletzung von Pietätsgefühlen und eventuell auch materiellen Interessen naher Hinterbliebener, sowie endlich des allgemeinen Sittlichkeitsgefühls und nicht wie in demjenigen des § 187 um Verletzung der Ehre des Angegriffenen handelt.

Als Strafrahmen kommt Gefängnis von einem Tag bis zu sechs Monaten in Betracht, doch kann beim Vorliegen mildernder Umstände auf Geldstrafe von drei bis zu neunhundert Mark erkannt werden. Findet im Falle der Nichteinbringlichkeit einer festgesetzten Geldstrafe eine Umwandlung in Freiheitsstrafe statt, so kann hier nur Gefängnis, nicht aber etwa auch Haft in Frage stehen, da die Geldstrafe in § 189 weder allein noch an erster Stelle noch wahlweise neben Haft angedroht ist.[1]) Endlich ist auch zu berücksichtigen, daß bei Umwandlung der Geld- in eine Gefängnisstrafe das Höchstmaß der letzteren sechs Monate keinenfalls überschreiten darf.[2])

2. Die Vollstreckung der rechtskräftig erkannten Strafe verjährt je nach Art, bezw. Höhe der Strafe in fünf oder in zwei Jahren.[3])

§ 17.

Das Verhältnis der §§ 190, 191, 193, 198, 199 und 200 zu § 189 St.-G.-B.

1. Der § 190 St.-G.-B. enthält zwei auf den Wahrheitsbeweis sich beziehende Beweisregeln.

Die erste geht dahin, daß bei einer Behauptung oder Verbreitung einer (einen Anderen verächtlich zu machen oder in der öffentlichen Meinung herabzuwürdigen geeigneten) Tatsache, falls

[1]) § 28, Abs. 1 und 2 St.-G.-B.

[2]) § 29, Abs. 2 St.-G.-B.

[3]) § 70, Ziff. 5 und 6 St.-G.-B.

diese eine strafbare Handlung zum Gegenstand hat, der Beweis der Wahrheit als erbracht angesehen werden soll, wenn der Beleidigte wegen dieser Handlung — einerlei ob vor oder nach erfolgter Aeußerung der betreffenden Tatsache — verurteilt worden ist. Hierin liegt eine Ausnahme von dem sonst im Strafprozesse geltenden Grundsatze der freien Beweiswürdigung insofern, als dem über die Beleidigung urteilenden Richter die Prüfung, ob die Verurteilung des Beleidigten der Sachlage entspreche, entzogen ist.[1])

Die zweite Beweisregel des § 190 bestimmt, daß der Wahrheitsbeweis in obigem Falle ausgeschlossen sein soll, wenn der Beleidigte von der ihm vorgeworfenen strafbaren Handlung rechtskräftig freigesprochen worden und die Freisprechung vor der Aeußerung der betreffenden Tatsache erfolgt ist. Auch hierin liegt eine Durchbrechung der freien Beweiswürdigung, indem der Richter irgendwelche für den Beweis der objektiven Wahrheit der Aeußerung des Beschuldigten in Betracht kommende Beweismittel selbst dann nicht berücksichtigen darf, wenn diese Beweise in dem früheren Verfahren nicht erhoben worden sind.

Die Anwendbarkeit dieser Beweisregeln auf den Fall der Verleumdung (§ 187 St.-G.-B.) und sonach auch auf den dem Tatbestand der Verleumdung entsprechenden Fall des § 189 ist bestritten.[2])

Wenngleich die Motive zu § 185 E. II (dem heutigen § 190 St.-G.-B.) ausführen,[3]) daß der Wahrheitsbeweis sein eigentliches Anwendungsgebiet in den Fällen der „Verleumdung“ habe, und hiedurch zugleich zum Ausdruck bringen, daß auch die hinsichtlich des Wahrheitsbeweises im heutigen § 190 St.-G.-B. gegebenen Beweisregeln in hauptsächlichster Weise auf die Fälle der „Verleumdung“ Anwendung zu finden haben, so mag nicht mit

---

[1]) Vergl. Olshausen, § 190, N. 2.

[2]) Für Bejahung der Anwendbarkeit:

v. Lilienthal, i. v. Holtzendorff, Rechtslexikon, „Wahrheitsbeweis,“ S. 1222 f.; v. Wächter, S. 392, N. 13; Meyer, S. 528; Hälschner II, S. 202; Olshausen, § 190, N. 4; Frank, § 190, N. II; Hertel, S. 32 ff.

Für Verneinung der Anwendbarkeit:

Rüdorff, § 190, N. 2; Dochow, i. v. Holtzendorff, Handbuch, Bd. III, S. 361.

[3]) Vergl. Sten. Ber. 1870, III (Anl.), S. 69.

Unrecht der Einwand erhoben werden, allein durch die erwähnten Ausführungen der Motive werde nicht ohne weiteres der Schluß gerechtfertigt, daß die Motive jene Beweisregeln auch auf den Fall der Verleumdung i. S. des § 187 St.-G.-B., bezw. auf den dieser Strafvorschrift nachgebildeten Fall des § 189 St.-G.-B. haben angewendet wissen wollen. Es bedeutet nämlich das Wort „Verleumdung“ in dem von den Motiven gebrauchten Sinne nicht das gleiche wie nach der definitiven Fassung des St.-G.-B., vielmehr verstanden die Motive, wie § 184 E. II[1]) zeigt, unter „Verleumdung“ nicht nur die wider besseres Wissen verübte Verleumdung (Verleumdung i. S. des geltenden Rechts, § 187 St.-G.-B.), sondern auch die üble Nachrede (i. S. v. heutigen § 186 St.-G.-B.), wonach also Verurteilung wegen „Verleumdung“ ganz allgemein dann eintreten konnte, wenn die Wahrheit der Aeußerung des Beschuldigten sich nicht erweisen ließ. Hieraus folgt, daß vom Standpunkte der Motive aus betrachtet die Beweisregeln des heutigen § 190 allein im Hinblick auf das zur Verurteilung aus § 184 E. II genügende Tatbestandsmoment der „Nichterweislichkeit“ gegeben waren. Nach Fassung des geltenden Rechts ist aber Nichterweislichkeit nur für den Tatbestand der üblen Nachrede i. S. v. § 186 St.-G.-B. ausreichend, nicht aber auch für denjenigen der Verleumdung des § 187 St.-G.-B. und denjenigen der diesem Delikte analogen Bestimmung des § 189 St.-G.-B., in welch letzteren Fällen vielmehr der Beweis der objektiven „Unwahrheit“ der betreffenden Aeußerung (sowie außerdem der Beweis des Handelns „wider besseres Wissen“) erfordert wird.

Dennoch erscheint die Anwendung des § 190 auf die §§ 187 und 189 keineswegs ausgeschlossen und zwar ganz abgesehen sowohl davon, daß schon die Stellung des § 190 für dessen Anwendbarkeit auf die genannten Paragraphen spricht, wie auch davon, daß § 190 mit seinen Eingangsworten offensichtlich an die §§ 186, 187 und 189 anknüpft:[2])

Wenn in den Fällen der §§ 187 und 189 zur Verurteilung des Beschuldigten der Beweis der Unwahrheit seiner Aeußerung erforderlich ist, so ist damit doch durchaus nicht gesagt,

---

[1]) Text s. oben S. 81.

[2]) Indem eben in diesen Paragraphen von einem „Behaupten und Verbreiten von Tatsachen“ die Rede ist. Vergl. Olshausen, § 190, N. 4.

daß es dem Beschuldigten nicht frei stehe, seinerseits die Erbringung des Wahrheitsbeweises anzubieten. Die in dieser Richtung von dem Beschuldigten gestellten Beweisanträge darf das Gericht nicht ablehnen, da im Falle des Gelingens des Wahrheitsbeweises eine Verurteilung auf Grund sowohl des § 187 als auch zugleich des § 186 ausgeschlossen wird.[1]) Nun treffen aber die Erwägungen, welche nach den Motiven für Schaffung der Beweisregeln des § 190 maßgebend waren[2]), nicht nur für den von den Motiven ausschließlich berücksichtigten Fall, daß die Unerweislichkeit der Aeußerung des Beschuldigten zum Tatbestande genügt, sondern auch für den Fall in gleichem Maße zu, daß der Beweis der objektiven Unwahrheit erfordert wird, der Beschuldigte aber freiwillig die Führung des Wahrheitsbeweises anbietet. Hier wie dort wäre es unbillig, wenn der Beschuldigte die dem Angegriffenen vorgeworfene strafbare Handlung Punkt für Punkt beweisen müßte, während doch schon seitens eines Gerichts das Ziel dieser Beweisführung durch rechtskräftige Verurteilung des Angegriffenen als richtig erkannt und festgestellt worden ist. Andererseits wäre es aber im einen wie im anderen Falle zu verwerfen, wenn es dem Beschuldigten gestattet sein sollte, eine Beweisaufnahme über die den Gegenstand seiner Aeußerung bildende strafbare Handlung herbeizuführen, obgleich schon vor jener Aeußerung seitens eines Gerichts in rechtskräftiger Weise festgestellt ist, daß der erhobene Vorwurf sachlicher Begründung entbehrt.

Erscheinen aber hienach die Gesichtspunkte, die für Aufstellung der Beweisregeln des § 190 maßgebend waren, nicht nur für den Fall, daß Unerweislichkeit der Aeußerung zum Tatbestand genügt, sondern auch für den Fall als zutreffend, daß trotz des Erfordernisses des Beweises der Unwahrheit der Beschuldigte zur Führung des Wahrheitsbeweises sich freiwillig erbietet, so dürfte kein Grund dagegen vorliegen, den § 190 nicht auch im Falle des § 187 und mithin auch in demjenigen des § 189 zur Anwendung gelangen zu lassen.

Indes ist hier noch darauf hinzuweisen, daß in den Fällen

---

[1]) Vergl. hiezu insbes. v. Lilienthal, a. a. O.
A. M.: Dochow, a. a. O.; Rüdorff, a. a. O.

[2]) Vergl. Motive, a. a. O., S. 68 f.

der §§ 187 und 189 zwar die erste Beweisregel des § 190, nicht aber auch die zweite zu praktischer Anwendung gelangen kann.[1]) Denn, selbst wenn der Angegriffene von der ihm vorgeworfenen strafbaren Handlung freigesprochen worden ist und auch die Kenntnis dieser letzteren Tatsache dem Beschuldigten nachgewiesen werden könnte, so würde hiemit doch keineswegs der Beweis auch dafür als erbracht anzusehen sein, daß der Beschuldigte „wider besseres Wissen“ eine unwahre Tatsache geäußert hat. Dieser nach den §§ 187 und 189 zur Verurteilung des Beschuldigten erforderliche Beweis der wissentlichen Unwahrheit ist allein durch Ausschluß des Wahrheitsbeweises gemäß § 190, Satz 2 nicht erbracht, „da die Tatsache, daß res judicata vorliegt, Niemanden verpflichtet, sich von der Richtigkeit des fraglichen Urteils überzeugt zu halten“,[2]) vielmehr muß dem Beschuldigten bewiesen werden, daß er hinsichtlich des tatsächlichen Vorhandenseins der behaupteten oder verbreiteten strafbaren Handlung selbst in mala fide sich befunden hat.

2. Der § 191 St.-G.-B. enthält eine mit Rücksicht auf die Beweisregeln des § 190 gegebene prozessuale Vorschrift, um zutreffendenfalls die Anwendung der letzteren zu ermöglichen. Wenn aber auch nach dem vorstehend Ausgeführten § 190 dem § 189 gegenüber zur Geltung gelangen kann, so ist doch die Anwendbarkeit des § 191 auf den Fall des § 189 ausgeschlossen, da gegen einen Verstorbenen ebensowenig eine Untersuchung eingeleitet, wie eine etwa noch zu seinen Lebzeiten eingeleitete Untersuchung durchgeführt werden kann.[3])

3. Die strafrechtliche Bedeutung des § 193 St.-G.-B. ist darin zu erblicken, daß er Umstände bezeichnet, welche die Rechtswidrigkeit einer an sich beleidigenden Aeußerung, somit den Begriff der Beleidigung im Rechtssinne ausschliessen.[4])

Ueber die Anwendbarkeit des § 193 auf den Fall des § 189

---

[1]) So: v. Lilienthal, a. a. O.; Binding, Lehrb., Bes. Teil, Bd. I, S. 150; Hälschner II, S. 203; Olshausen, a. a. O.; Oppenhoff, § 190, N. 7.
A. M.: v. Schwarze, § 190, N. 7.

[2]) Vergl. v. Lilienthal, a. a. O., S. 1223.

[3]) Vergl. v. Lilienthal, a. a. O.; Olshausen, § 191, N. 1.
A. M.: (wohl versehentlich) Oppenhoff, § 191, N. 1 i. Verb. mit § 190, N. 1.

[4]) Vergl. Frank, § 193, N. I.

herrscht Streit im Hinblick auf das hier erforderliche Tatbestandsmoment des Handelns „wider besseres Wissen“.

In der Reichstagsverhandlung über den heutigen § 189 St.-G.-B. (§ 165 E. II) ist allerdings betont worden, daß diese Strafbestimmung von der Reichstagskommission aus dem Abschnitt über „Vergehen, welche sich auf die Religion beziehen“ herausgenommen und in den 14. Abschnitt des besonderen Teils verwiesen worden sei, um dem heutigen § 193 (§ 188 E. II) Anwendung zu verschaffen.[1]) Allein es darf hier nicht übersehen werden, daß die Reichstagskommission hiebei die Strafbestimmung des § 189 in ihrer früheren Gestalt (§ 165 E. II) vor Augen hatte, nach welcher zur Verurteilung des Beschuldigten schon die Nichterweislichkeit der geäußerten Tatsache genügte, und nicht, wie nach der definitiven Fassung des Paragraphen, die Feststellung einer „wider besseres Wissen“ erfolgten Aeußerung einer unwahren Tatsache verlangt wurde.[2]) Die Tatsache der Versetzung der Strafbestimmung über Beschimpfung des Andenkens Verstorbener in den 14. Abschnitt kann daher für sich allein nicht als zwingender Beweis für die Anwendbarkeit des § 193 auch auf den Fall des heutigen § 189 St.-G.-B. angeführt werden.

Aber auch aus der Aehnlichkeit des Tatbestands des § 189 mit demjenigen des § 187 kann die Anwendbarkeit des § 193 auf den Fall des § 189 nicht gefolgert werden. Da § 187 erst vom Reichstage selbst eingefügt wurde,[3]) während man sich bis dahin, wie schon oben ewähnt,[4]) — ebenso wie bei der früheren Fassung des § 189 St.-G.-B. (§ 165 E. II) — damit begnügt hatte, in § 184 E. II die Nichterweislichkeit einer verleumderischen Aeußerung unter Strafe zu stellen, so war bei der Schaffung des § 188 E. II (des heutigen § 193 St.-G.-B.) wohl dieser Tatbestand der „verleumderischen Beleidigung“ i. S. des § 184 E. II, nicht aber auch speziell der Fall der „wider besseres Wissen“ ver-

[1]) Vergl. Sten. Ber. 1870, II, S. 653.

[2]) Diesen Umstand hat Oppenhoff, § 189, N. 1, 2 nicht in Erwägung gezogen, wenn er aus den Ausführungen des Referenten im Reichstag über die von der Reichstagskommission vorgenommene Versetzung der Strafbestimmung des § 165 E. II in den 14. Abschnitt die Anwendbarkeit des § 193 auf § 189 St.-G.-B. folgert.

[3]) Vergl. Sten. Ber. 1870, II, S. 652.

[4]) Vergl. ob. S. 83.

übten Verleumdung, wie ihn der heutige § 187 St.-G.-B. verlangt, in Berücksichtigung gezogen worden. Ebendeshalb wird aber auch beim Delikt des (nachträglich eingeschobenen) § 187 die Anwendbarkeit des § 193 bestritten.

Immerhin mag jedoch der Umstand, daß § 193 seiner Stellung nach der Strafbestimmung über Beschimpfung des Andenkens Verstorbener nachfolgt, als Grund für Bejahung der Anwendbarkeit des § 193 auch auf dieses Delikt genannt werden.

Weiter lassen sich aber — wenn auch nur ausnahmsweise — tatsächlich Fälle denken, in denen die Straflosigkeit einer zur Wahrnehmung berechtigter Interessen verübten Verleumdung innerlich gerechtfertigt erscheint, so z. B. dann, wenn ein aus § 187 Angeklagter in der Hauptverhandlung seine wissentlich unwahre Aeußerung verteidigungsweise als wahr aufrecht erhält, insofern hier dieser Aeußerung die sachliche Bedeutung eines Leugnens der belastenden Tatsache zukommt.

Man wird daher einer Anwendung des § 193 auch auf die Fälle des Handelns „wider besseres Wissen“, somit auch auf denjenigen des § 189 nicht entgegentreten können.[1])

4. Die §§ 198 und 199 St.-G.-B. handeln von wechselseitigen Beleidigungen und zwar § 199 von solchen, die auf der Stelle erwidert werden.

Nach der hier vertretenen Ansicht[2]) kann es sich nun allerdings bei dem Delikt des § 189 St.-G.-B. nicht um eine „Beleidigung“ im Sinne einer tatsächlich erfolgten Ehrverletzung handeln, indes wird man dem Wort „Beleidigung“ in den §§ 198 und 199 eine etwas weitere Auslegung zu geben haben. Ist doch auch der 14. Abschnitt des besonderen Teils mit der Ueberschrift „Beleidigung“ versehen worden, obwohl in diesem Abschnitt nicht ausschließlich Fälle der Beleidigung im eigentlichen Sinne, son-

---

[1]) So: Olshausen, § 193, N. 2)b); v. Liszt, S. 344; Meyer, S. 530; Schütze, S. 369; Oppenhoff, § 193, N. 1; Frank, § 193, N. II; v. Schwarze (betr. § 189), § 189, N. 3; Freudenstein, S. 79, N. 2; RG. 5, S. 56, — 16, S. 139, — 34, S. 222.

A. M.: Binding, Lehrb., Bes. Teil, Bd. I., S. 152, 155 u. 188; Hälschner II, S. 186; Dochow, i. v. Holtzendorff, Handb., Bd. III, S. 346; Rüdorff, § 193, N. 13 u. § 187, N. 2.

[2]) Vergl. ob. S. 75 ff.

dern auch diejenigen der verleumderischen Kreditgefährdung, sowie der Beschimpfung des Andenkens Verstorbener ihre strafrechtliche Behandlung gefunden haben. Auch werden in anderen Paragraphen des 14. Abschnitts die eben erwähnten Delikte mehrfach von dem Begriff „Beleidigung“ mit umfaßt.[1]) Das Vorkommen dieses Wortes in den §§ 198 und 199 dürfte daher an sich der Anwendung dieser Paragraphen auch auf den Fall des § 189 nicht entgegenstehen.

Allein zu einer wechselseitigen Beleidigung i. S. der genannten Paragraphen ist erforderlich, daß der „eine“ und der „andere Teil“, d. h. der Antragsteller und der Beschuldigte je in ihrer eigenen Person verletzt sind. Als in Wirklichkeit unmittelbar verletzt erscheint aber nach dem oben Ausgeführten[2]) bei dem Delikt des § 189 das Andenken des Verstorbenen bei der Nachwelt, während die weitere, durch das Delikt des § 189 herbeigeführte Berührung der in § 189, Abs. 3 aufgeführten Antragsberechtigten in ihrem Pietätsgefühle, bezw. in ihren materiellen Interessen, erst in zweiter Linie in Betracht kommen kann. Im Hinblick auf die durch das Delikt des § 189 zuförderst bewirkte Verletzung des Andenkens Verstorbener und dem diesem zu gewährenden Schutze wird man aber die Anwendbarkeit der §§ 198 und 199 beim Vorliegen von wechselseitigen Beschimpfungen des Andenkens Verstorbener zu verneinen haben.

Auf Grund derselben Erwägungen ist ferner auch in dem Falle, in welchem es sich auf der einen Seite um die Verletzung des Andenkens eines Verstorbenen, auf der anderen aber um eine erlittene Ehrverletzung handelt, eine Anwendung jener Paragraphen ausgeschlossen.[3])

5. Endlich ist auch die Frage bestritten, ob bei einer öffentlichen oder durch Verbreitung von Schriften, Darstellungen oder Abbildungen begangenen Beschimpfung des Andenkens Verstorbener § 200 St.-G.-B. Platz zu greifen habe.

Die in diesem Paragraphen vorgesehene Zusprechung der

---

[1]) So die Kreditgefährdung in § 188, die Kreditgefährdung und die Beschimpfung des Andenkens Verstorbener in den §§ 190 u. 194 St.-G.-B.

[2]) Vergl. ob. S. 77.

[3]) Vergl. hiezu: Olshausen, § 198, N. 3, § 199, N. 6; Reber, S. 229 f. A. M.: Oppenhoff, § 199, N. 1, 3; Kronecker, i. Gerichtssaal, Bd. 41, S. 202.

Publikationsbefugnis eines auf Strafe lautenden Urteils, welche ihrem Wesen nach nicht, wie vielfach angenommen wird,[1]) als Nebenstrafe, sondern als privatrechtliche Folge des Delikts[2]) erscheint, soll nach dem Wortlaute des Gesetzes im Falle einer „Beleidigung" an den „Beleidigten" erfolgen. Das Wort „Beleidigung" dürfte jedoch auch in § 200 in weiterem, alle Delikte des 14. Abschnitts umfassendem Sinne zu verstehen, somit auf die in § 200 vorgesehene Publikationsbefugnis auch im Falle des § 189 zu erkennen sein, zumal da ein innerer Grund für die Nichtanwendbarkeit des § 200 in diesem Falle nicht einzusehen wäre, vielmehr gerade im Hinblick auf das Wesen des Delikts als einer Verletzung des einem Verstorbenen von der Nachwelt bewahrten Andenkens bei einer öffentlichen, bezw. durch Verbreitung von Schriften u. s. w. verübten Beschimpfung eine öffentliche Bekanntmachung des Urteils besonders angebracht erscheint.

Hat sonach § 200 gegebenenfalls auf § 189 Anwendung zu finden, so ist, um die Erteilung der Publikationsbefugnis nicht gegenstandslos zu machen, diese letztere dem Antragsteller (§ 189, Abs. 3) zuzusprechen.[3])

Aus analogen Gründen ist aber auch gem. § 200, Abs. 3 dem Antragsteller eine Ausfertigung des Urteils auf Kosten des Schuldigen zu erteilen, was übrigens in allen[4]) Fällen

[1]) So: Hälschner II, 213; Schütze, S. 364; Rüdorff, § 200, N. 10; Meves, § 200, N. 4; Dochow, a. a O., S. 367; Reber, S. 140; Merkel, S. 173; RG. 6, S. 180, — 35, S. 18.

[2]) So: v. Liszt, S. 351; Meyer, S 397; Olshausen, § 200, N. 4; Oppenhoff, § 200, N. 2; v. Schwarze, § 200, N. 1; Frank, § 200, N. I; John, in v. Holtzendorff, Rechtslexikon, „Beleidigung", S. 266.

[3]) So: Hälschner II, S. 211; Schütze, S. 365; Olshausen, a. a. O.; Oppenhoff, § 200, N. 1 u. § 189, N. 9; Rüdorff, § 200, N. 8; v. Schwarze, § 200, N. 3; Frank, § 200, N. I u. III, (welcher die Publikationsbefugnis den Antragsberechtigten des § 189, Abs. 3 aber nur deshalb gewährt, weil er als Objekt des Delikts i. S. von § 189 die Familienehre und somit auch die in § 189, Abs. 3 genannten Antragsberechtigten zugleich selbst als „mit beleidigt" ansieht); Meves, § 200, N. 1.

A. M.: Binding. Lehrbuch, Bes. Teil, Bd. I, S. 164; Dochow, a. a. O., S. 368, N. 5; RGRspr. 1, S. 360.

[4]) Vergl. hiezu: v. Liszt, S. 351; Berner, S. 497; Hälschner II, S. 210: Olshausen, § 200, N. 14; v. Schwarze, § 200, N. 11; Rüdorff, § 200, N. 12; Dochow, a. a. O., S. 369.

A. M.: Schütze, S. 364; Frank, § 200, N. II; Meves, § 200, N. 10.

der Beschimpfung des Andenkens Verstorbener zu geschehen hat, also nicht nur in solchen, in denen die Beschimpfung auf eine in § 200, Abs. 1 u. 2 erwähnte Art erfolgte.

§ 18.

Die Strafverfolgung.

Soweit von Interesse möge noch kurz auf die Strafverfolgung des Vergehens i. S. von § 189 St.-G.-B. eingegangen werden:

1. Der aus dem gemeinen Rechte stammenden Verfolgung von Beleidigungen gegen Verstorbene im Wege des Zivilprozesses war in denjenigen Rechtsgebieten, wo eine solche noch zulässig war, mit dem Inkrafttreten der heute geltenden Strafprozessordnung ein Ende gesetzt worden. Die hiefür maßgebende Bestimmung ist in § 11, Abs. 1 des Einführungsgesetzes zur St.-P.-O. enthalten, indem hier gesagt ist, daß die Verfolgung von Beleidigungen nur nach den Vorschriften der St.-P.-O. stattzufinden habe. Unter „Beleidigungen" sind aber auch hier, wie in den sonstigen Fällen, in denen prozessuale Vorschriften von dem Vergehen der „Beleidigung" sprechen,[1]) nicht nur Beleidigungen im eigentlichen Sinne, sondern alle im 14. Abschnitt des besonderen Teils des St.-G.-B. behandelten Delikte, somit auch dasjenige des § 189 St.-G.-B., zu verstehen.[2])

Demnach hat die Strafverfolgung von Beschimpfungen des Andenkens Verstorbener regelmäßig im Wege der Privatklage nach §§ 414 ff. St.-P.-O. stattzufinden. Ausnahmsweise kann aber von der Staatsanwaltschaft öffentliche Klage erhoben werden, wenn Strafantrag gestellt ist und die Strafverfolgung im öffentlichen Interesse liegt.[3]) Auch die auf erhobene Privatklage eingeleitete Strafverfolgung kann die Staatsanwaltschaft beim Vorhandensein eines öffentlichen Interesses in jeder Lage der Sache bis zum Eintritt der Rechtskraft des Urteils übernehmen.[4])
Diese letztere Befugnis steht der Staatsanwaltschaft auch dann zu, wenn ein besonderer Antrag auf Erhebung der öffentlichen

---

[1]) §§ 27, Ziff. 3), 75, Abs. 1, Ziff. 4) G.-V.-G., § 414 St.-P.-O.

[2]) Vergl. Olshausen, Vorbem. zum 14. Abschn. des Bes. Teils, N. 3.

[3]) § 416 St.-P.-O.

[4]) § 417, Abs. 2 St.-P.-O.

Klage nicht vorliegt, da schon durch Erhebung der Privatklage das Verlangen nach Bestrafung des Beschuldigten der Staatsgewalt gegenüber kundgegeben und niemit dem Antragserfordernis genügt worden ist.[1]) Uebernimmt die Staatsanwaltschaft das Verfahren, so tritt der Privatkläger von selbst in die Stellung eines Nebenklägers,[2]) ohne daß es hiezu einer Anschlußerklärung i. S. von § 436 St.-P.-O. bedürfte.[3])

2. Für die Strafverfolgung des Vergehens des § 189 St.-G.-B. im Wege der Privatklage ist stets das Schöffengericht zuständig.[4]) Wird aber seitens der Staatsanwaltschaft gem. § 416 St.-P.-O. öffentliche Klage erhoben, so wird hiedurch die Zuständigkeit der Strafkammer begründet.[5]) Indes hat die Strafkammer das Recht, bei Eröffnung des Hauptverfahrens auf Antrag der Staatsanwaltschaft Verhandlung und Entscheidung dem Schöffengericht zu überweisen,[6]) und zwar kann diese Ueberweisung im Falle des § 189 St.-G.-B. insofern stets erfolgen, als schon die nach letzterem Paragraphen mögliche höchste Strafe (sechs Monate Gefängnis, bezw. neunhundert Mark Geldstrafe) die Annahme einer Ueberschreitung der in § 75 G.-V.-G. für die Zulässigkeit der Ueberweisung gesetzten Höchstgrenze ausschließt.

Uebernimmt die Staatsanwaltschaft bei einem mittelst Privatklage anhängig gemachten Verfahren die weitere Verfolgung gem. § 417, Abs. 2 St.-P.-O., so erlischt die durch § 27, Ziff. 3) G.-V.-G. begründete Zuständigkeit des Schöffengerichts. Nach Einstellung des Verfahrens durch das letztere Gericht, beziehungsweise, wenn die Privatklage bereits in höherer Instanz anhängig geworden war, nach Einstellung seitens des höheren Gerichts, hat die Staatsanwaltschaft ein neues Verfahren durch Erhebung der öffentlichen Klage bei der nunmehr zuständigen Strafkammer, eventuell unter gleichzeitiger Beantragung der Ueberweisung an das Schöffengericht (gem. § 75, Ziff. 4) G.-V.-G.) einzuleiten.[7])

---

[1]) Vergl. Löwe, § 417 St.-P.-O., N. 3.

[2]) § 417, Abs. 3 St.-P.-O.

[3]) Vergl. Löwe, § 417 St.-P.-O., N. 9.

[4]) § 27, Ziff. 3) G.-V.-G.

[5]) § 73, Ziff. 1) i. Verb. mit § 27, Ziff. 3) G.-V.-G.

[6]) § 75, Ziff. 4) G.-V.-G.

[7]) Vergl. Löwe, § 417 St.-P.-O., N. 7, § 27 G.-V.-G., N. 14, § 77 G.-V.-G., N. 3; RG. 10, S. 237, — 29, S. 422, — 36, S. 5; RGRspr. 6, S. 200. A. M.: Stenglein, § 27 G.-V.-G., N. 9 u. die dort Zitierten.

Bei einer durch die Presse begangenen Beschimpfung des Andenkens Verstorbener kann nach den Landesgesetzen das Schwurgericht zuständig sein.[1])

3. Die Verjährung der Strafverfolgung tritt nach fünf Jahren,[2]) bei Verübung durch die Presse nach sechs Monaten[3]) ein.

Anhang zum III. Abschnitt.

Strafbarkeit der noch zu Lebzeiten eines Verstorbenen erfolgten Beleidigungen.

1. Ist der Beleidigte gestorben, ohne die Beleidigung in gesetzmäßiger Weise gerügt zu haben, so kann auch nach geltendem Rechte auf Grund des dem Verstorbenen zugestandenen Antragsrechts Strafverfolgung nicht mehr eintreten. Dies ist eine notwendige Folge aus dem Satze, daß das Antragsrecht als höchstpersönliches Recht zu gelten hat.

Indes entsteht hier nach Lage des geltenden Rechts die Frage, ob die Einleitung einer Strafverfolgung auch in denjenigen Fällen ausgeschlossen ist, in denen vom Gesetz einem Dritten, sei es in ausschließlicher Weise, sei es neben dem Beleidigten ein selbständiges Antragsrecht eingeräumt ist. Es sind dies die Fälle der §§ 65, Abs. 1, Satz 2 und Abs. 2, 195 und 196 St.-G.-B.

Was zunächst die Fälle der §§ 65 und 195 betrifft, so ist obige Frage zu verneinen:

In § 65 wird dem gesetzlichen Vertreter des Beleidigten ein Antragsrecht zuerkannt, und zwar dem gesetzlichen Vertreter allein, wenn der Beleidigte geschäftsunfähig oder noch nicht achtzehn Jahre alt ist, dagegen neben dem beleidigten Minderjährigen, wenn dieser das achtzehnte Lebensjahr vollendet hat. Nach § 195 ist der Ehemann bei einer Beleidigung der Ehefrau neben dieser auf Bestrafung anzutragen berechtigt.

Die Gründe für Verleihung der Antragsberechtigung an den gesetzlichen Vertreter wie an den Ehemann sind dieselben. Sie ergeben sich in beiden Fällen aus der Schutzbedürftigkeit der

---

[1]) § 6 E.-G.-G.-V.-G.

[2]) § 67, Abs. 2 St.-G.-B.

[3]) § 22 des Gesetzes über die Presse v. 7. Mai 1874. Vergl. auch RG. 32, S. 69.

beleidigten Personen und der deshalb notwendigen Vertretung derselben behufs wirksamer Wahrnehmung ihrer Rechte. Dies erhellt insbesondere auch aus den Motiven zu den beiden genannten Gesetzesstellen, indem gerade hier betont wird, daß nur das Recht des Beleidigten geschützt werden solle.[1]) Die antragsberechtigten Dritten handeln demnach bei der Antragstellung allein in Vertretung dieses, also nicht etwa auf Grund eines eigenen, von ihrer rechtlichen Stellung als Vertreter unabhängigen Rechts. Wenn aber in den genannten Fällen nur das Recht des Beleidigten zufolge eines Vertretungsverhältnisses wahrgenommen werden soll, so ergibt sich hieraus, daß mit dem Tode des Beleidigten zugleich auch das Antragsrecht des Dritten in Wegfall kommt, da der Tod ein Erlöschen nicht nur des Vertretungsverhältnisses, sondern auch des zu schützenden Rechts selbst mit sich bringt.[2]) [3])

Anders verhält es sich hinsichtlich des Antragsrechts des amtlichen Vorgesetzten (i. S. von § 196) bei Beleidigung eines Untergebenen. Hier ist der Grund für Zuerteilung des Antragsrechts an den Vorgesetzten nicht in einer besonderen Schutzbedürftigkeit des Beleidigten, sondern vielmehr im Interesse

---

[1]) a. Motive zu § 63 E. II (heute § 65 St.-G.-B.), Sten. Ber. 1870, III (Anl.), S. 59:

„Der § 63 bezweckt, die Rechte derjenigen zu sichern, die zur Stellung von Strafanträgen berechtigt sind. Er hat darum die Vorschrift aufgenommen, daß der Verletzte, welcher bereits das achtzehnte Lebensjahr vollendet hat, selbständig zu dem Antrage auf Bestrafung berechtigt sei, und daß überdies auch dem Vater oder Vormunde eines jeden noch minderjährigen Verletzten das Recht zustehe, Namens des Verletzten selbständige Strafanträge zu stellen . . . . . ."

b. Motive zu § 190 E. II (heute § 195 St.-G.-B.), a. a. O., S. 69:

„Der § 190 berücksichtigt nicht die sogenannte mittelbare Injurie, will vielmehr nur die Rechte beleidigter Ehefrauen . . . . . besonders wahren und erteilt darum auch dem Ehemann . . . . . . das Recht, die Bestrafung des Beleidigers zu beantragen . . . . ."

[2]) So bezüglich der Fälle § 65, Abs. 1, Satz 2 u. Abs. 2: Meyer, S. 304; Olshausen, § 65, N. 15; Oppenhoff, § 65, N. 16; v. Schwarze, § 65, N. 12; Frank, § 65, N. I; RG. 4, S. 145.

A. M.: Binding, Handbuch, Bd. I, S. 630; RG. 13, S. 115, — 35, S. 131.

[3]) So bezüglich des Falles von § 195: Olshausen, § 195, N. 3; Frank, § 195, N. II; Reber, S. 377.

A. M.: Binding, Handb., Bd. I, S. 629 f.; v. Wächter, S. 389; Hälschner II, S. 208; RG. 1, S. 29, — 13, S. 115.

der öffentlichen Ordnung, insbesondere des öffentlichen Dienstes, zu erblicken. Der Vorgesetzte erscheint daher bei Ausübung des Antragsrechts nicht als Vertreter des Beleidigten. Liegt aber der Antragsberechtigung hier ein Vertretungsverhältnis nicht zu Grunde, so ist auch nicht einzusehen, weshalb diese mit dem Tode des Beleidigten enden sollte. Man wird demzufolge den amtlichen Vorgesetzten auch nach dem Tode des beleidigten Untergebenen als zur Antragstellung berechtigt anzusehen haben, somit auch dann, wenn letzterer zu seinen Lebzeiten von dem eigenen Antragsrecht einen Gebrauch nicht gemacht haben sollte.[1])

2. Hinsichtlich des Falles, daß der Beleidigte die Beleidigung zwar noch vor seinem Tode in gesetzlicher Weise gerügt hat, aber vor Durchführung des Verfahrens gestorben ist, muß im geltenden Recht unterschieden werden, ob der Beleidigte die Strafverfolgung im Wege des Privatklageverfahrens betrieben hatte, oder ob seitens desselben Antrag auf Erhebung der öffentlichen Klage gestellt, bezw. ob bei dem mittels Privatklage eingeleiteten Verfahren von der Staatsanwaltschaft die Verfolgung übernommen worden war.

In den beiden letzteren Fällen ist der Tod des Verletzten ohne jeglichen Einfluß auf die Strafverfolgung,[2]) und zwar sowohl dann, wenn das Verfahren seitens der Staatsanwaltschaft bei dem Tode des Beleidigten durch Erhebung der öffentlichen Klage schon in Gang gesetzt worden, als auch dann, wenn der Tod nach Antragstellung, bezw. nach Uebernahmeerklärung der Staatsanwaltschaft, aber noch vor Erhebung der öffentlichen Klage eingetreten war. Jedoch kann, falls der Beleidigte das Recht hatte, eine Buße zu verlangen,[3]) dieser Anspruch von den Erben des Beleidigten weder erhoben noch fortgesetzt werden.[4])

Hatte der Beleidigte aber die Strafverfolgung im Wege der Privatklage betrieben, so hat sein Tod die Einstellung des Verfahrens zur Folge.[5]) Ebenso ist das Verfahren beim Tode

[1]) So: Binding, Handb., Bd. I, S. 680; Berner, S. 489; Olshausen, § 196, N. 7; Frank, § 196, N. II; Rüdorff, § 196, N. 5.
A. M.: v. Wächter, S. 389; Reber, S. 379.

[2]) Vergl. Löwe, St.-P.-O. § 417, N. 8 u. 433, N. 1.

[3]) § 188 St.-G.-B.

[4]) § 444, Abs. 4 St.-P.-O.

[5]) § 433, Abs. 1 St.-P.-O.

der beleidigten Person auch dann einzustellen, wenn von dem gesetzlichen Vertreter oder dem Ehemann Privatklage erhoben worden war,[1]) denn in diesen Fällen handelt es sich nach der hier[2]) vertretenen Ansicht nur um eine Wahrnehmung des Rechts des Beleidigten, das nunmehr durch den Tod des letzteren erloschen ist. Dagegen ist der Tod des Beleidigten ohne Belang auf ein von dem amtlichen Vorgesetzten eingeleitetes Privatklageverfahren,[3]) da hier eine Vertretung des Beleidigten nicht in Frage kommt.

Bestand die beleidigende Aeußerung, wegen deren Privatklage erhoben worden, in einer Verleumdung i. S. von § 187 St.-G.-B. (den Fall der Kreditgefährdung ausgenommen), so kann gem. § 433, Abs. 2 St.-P.-O. das Verfahren von den Eltern, den Kindern oder dem Ehegatten des verstorbenen Beleidigten fortgesetzt werden. Diese Bestimmung der St.-P.-O. entspricht also derjenigen des § 189 St.-B.-G. und enthält eine weitere Durchführung des dieser letzteren zu Grunde liegenden Gedankens.

Die Berechtigung zur Fortführung der Klage ist indes dadurch bedingt, daß schon in dieser das Vorhandensein der in § 433, Abs. 2 St.-P.-O. genannten Tatbestandsmerkmale behauptet worden war. Die erhobene Privatklage kann daher von den zur Fortsetzung berechtigten Personen nicht mehr in dieser Hinsicht erweitert werden.[4]) Stellt sich andererseits bei Weiterführung der Klage heraus, daß in Wirklichkeit kein Fall der Verleumdung i. S. v. § 433, Abs. 2 St.-P.-O., sondern etwa nur ein Fall der üblen Nachrede i. S. von § 186 St.-G.-B. oder der einfachen Beleidigung i. S. von § 185 St.-G.-B. vorliegt, so ist das Verfahren mangels der gesetzlichen Voraussetzung einzustellen.

Ein Anspruch auf Buße kann aber auch im Falle der

---

[1]) §§ 65, 195, St.-G.-B. i. Verb. mit § 414, Abs. 2 St.-P.-O.

[2]) Vergl. ob. S. 93.

[3]) Regelmäßig wird zwar beim Vorliegen einer sogen. Beamtenbeleidigung und dem hiedurch wohl stets gegebenen öffentlichen Interesse an der Strafverfolgung seitens der Staatsanwaltschaft gem. § 416 St.-P.-O. öffentliche Klage erhoben werden und schon darum der Tod des Beleidigten ohne Einfluß auf das Verfahren sein.

[4]) Vergl. Löwe, § 433 St.-P.-O., N. 4.

Fortführung der Privatklage weder erhoben noch weiter verfolgt werden.[1])

Als berechtigt zur Fortsetzung der Klage sind wie in § 189, Abs. 3 St.-G.-B. die Eltern, die Kinder und der Ehegatte des Verstorbenen genannt. Auf diese Personenbegriffe haben zufolge der Aehnlichkeit der Bestimmung des § 433, Abs. 2 St.-P.-O. mit derjenigen des § 189 St.-G.-B. die anläßlich der Behandlung des letzteren Paragraphen schon an früherer Stelle[2]) gegebenen Ausführungen zur Anwendung zu gelangen. In prozessualer Hinsicht ist hier noch zu erwähnen, daß eine jede zur Fortführung der Privatklage berechtigte Person ihr Recht unabhängig von demjenigen der anderen Berechtigten ausüben kann, jedoch steht, falls ein Berechtigter von seinem Recht Gebrauch gemacht hat, den übrigen nur der Beitritt zu dem wieder im Gange befindlichen Verfahren und zwar in dessen jeweiliger Lage zu.[3])

Die Ausübung des Rechts zur Fortsetzung der Privatklage ist an eine zweimonatige Frist gebunden.[4]) Der Lauf dieser Frist beginnt — wie nach dem Wortlaut des Gesetzes angenommen werden muß — mit dem Zeitpunkt des Todes, ohne Rücksicht darauf, ob die zur Fortführung der Klage berechtigten Personen von dem Tode des Privatklägers oder dem anhängigen Privatklageverfahren Kenntnis gehabt haben oder nicht. Hieraus folgt, daß ein Gesuch um Wiedereinsetzung in den früheren Stand gem. § 44 ff. St.-P.-O. auf den Mangel dieser Kenntnis nicht gestützt werden kann.[5])

Die Fortführung einer auf erhobene Privatklage eingeleiteten Strafverfolgung nach dem Tode des Beleidigten kann nur im Falle des § 433, Abs. 2 St.-P.-O. und nur durch die daselbst genannten Personen erfolgen, dagegen kann die Verfolgung nicht etwa auch seitens der Staatsanwaltschaft auf Grund des ihr nach § 417, Abs. 2 St.-P.-O. zustehenden Rechts, die Strafverfolgung in jeder Lage der Sache zu übernehmen, fortgesetzt werden. Dies

---

[1]) § 446 St.-P.-O.

[2]) Vergl. ob. S. 79 f.

[3]) § 415 St.-P.-O., welcher entsprechende Anwendung zu finden hat. — Vergl. Löwe, § 433, St.-P.-O., N. 3) b).

[4]) § 433, Abs. 3 St.-P.-O.

[5]) Vergl. Löwe, § 433 St.-P.-O., N. 6.

ist schon deshalb ausgeschlossen, weil zufolge des Todes des Privatklägers das Verfahren durch Einstellung beendet worden ist, sonach nicht mehr von einer „Lage der Sache“ und darum auch nicht von einer „Uebernahme“ der Verfolgung gesprochen werden kann.[1]) Allein, wenn auch eine Uebernahme der Verfolgung seitens der Staatsanwaltschaft (gem. § 417, Abs. 2 St.-P.-O.) hier nicht möglich ist, so steht doch der Tod des Privatklägers der Erhebung einer neuen, öffentlichen Klage keineswegs entgegen,[2]) da, wie schon oben erwähnt,[3]) zugleich in der Erhebung der Privatklage das Verlangen nach Strafe der Staatsgewalt gegenüber kundgegeben und hiemit dem Antragserfordernis genügt worden ist.

Endlich ist noch zu erwähnen, daß in den Fällen, in welchen die Verurteilung des Beschuldigten erst nach dem Tode des Beleidigten erfolgt, auf Publikationsbefugnis i. S. v. § 200 St.-G.-B. regelmäßig nicht erkannt werden kann.[4]) Dies trifft nicht nur dann zu, wenn das Urteil auf Grund einer — vor oder nach dem Tode des Beleidigten — seitens der Staatsanwaltschaft erhobenen öffentlichen Klage ergeht, sondern auch dann, wenn das im Wege der Privatklage eingeleitete Strafverfahren gem. § 433, Abs. 2 St.-P.-O. fortgesetzt und vollends durchgeführt worden ist.

Insbesondere kann im Hinblick auf letzteren Fall nicht etwa der Einwand erhoben werden, wenn den Antragsberechtigten des § 189, Abs. 3 St.-G.-B. die Publikationsbefugnis zuzusprechen sei,[5]) so müsse bei der Aehnlichkeit der beiden Bestimmungen dies ebenso auf die nach § 433, Abs. 2 St.-P.-O. zur Fortsetzung der Privatklage berechtigten Personen zutreffen: mag auch § 433, Abs. 2 St.-P.-O. auf demselben Grundgedanken beruhen wie § 189 St.-G.-B., so darf hiebei doch nicht übersehen werden, daß es sich in diesem Falle um Verletzung des Andenkens eines Ver-

---

[1]) RG. 16, S. 421; RGRspr. 9, S. 705.

[2]) Vergl. Löwe, § 433. St.-P.-O., N. 1.

[3]) Vergl. oben S. 91.

[4]) Vergl.: Binding, Lehrb., Bes. Teil, Bd. 1, S. 163; Olshausen, § 200, N. 5 i. Verb. mit § 165, N. 2; Frank, § 200, N. III.

A. M.: Meyer, S. 397 f.

[5]) Vergl. oben S. 89.

storbenen handelt, während in jenem Falle die Ehre eines zur Zeit der Beleidigung noch Lebenden verletzt erscheint, und weiter, daß die Befugnis, die Verurteilung auf Kosten des Schuldigen öffentlich bekannt zu machen, schon durch die bewirkte Verletzung in der Person des Beteiligten begründet wird und nur die Ausübung dieser Befugnis durch die Verurteilung des Beschuldigten, sowie die Zusprechung im Urteil suspensiv bedingt ist. Während sonach im Falle des § 189 St.-G.-B. die Publikationsbefugnis durch die Verletzung des Andenkens des Verstorbenen unmittelbar in den gem. Abs. 3 zum Strafantrag berechtigten Personen entsteht, hat im Falle des § 433, Abs. 2 St.-P.-O. der nunmehr Verstorbene dieselbe noch in seiner eigenen Person durch Verletzung seiner Ehre erworben. Nun ist aber die Publikationsbefungnis als ein höchstpersönliches Recht zu betrachten, indem das Gebrauchmachen von der zugesprochenen Befugnis vollständig dem Ermessen des durch das Delikt Betroffenen überlassen bleibt. Auf Grund dieses höchstpersönlichen Charakters kann daher ein Uebergang der in der Person des Beleidigten begründeten Publikationsbefugnis auf die nach § 433, Abs. 2 St.-P.-O. zur Fortsetzung der Privatklage Berechtigten nicht eintreten. Die Zusprechung an den verstorbenen Beleidigten würde sich aber als eine reine, jeder praktischen Bedeutung entbehrende Formalität darstellen.[1])

Ausnahmsweise ließe sich die Zusprechung der Publikationsbefugnis auch nach dem Tode des Beleidigten allenfalls dann rechtfertigen, wenn die Beleidigung in einer Zeitung oder Zeitschrift erfolgt ist und der Beleidigte noch zu seinen Lebzeiten gem. § 200, Abs. 2 St.-G.-B. den Antrag auf Bekanntmachung des verfügenden Teils des Urteils durch die öffentlichen Blätter gestellt hat.[2]) Bei strenger Durchführung des höchstpersönlichen Wesens der Publikationsbefugnis müßte allerdings auch hier die Zusprechung derselben verneint werden, denn mag auch der Beleidigte selbst noch einen Antrag gem. § 200, Abs. 2 gestellt haben, so ist hiemit doch keineswegs gesagt, daß er bei längerem Leben diesen Antrag nicht doch vielleicht durch irgend-

---

[1]) RG. 16, S. 73.

[2]) So: RG. 16, S. 73.
A. M.: Binding, Lehrb., Bes. Teil, Bd. 1, S. 163.

welche Umstände bewogen wieder zurückgezogen hätte. Indes läßt sich immerhin zu Gunsten einer Zusprechung der Befugnis anführen, daß der Beleidigte hier wenigstens in positiver Weise seinen auf öffentliche Bekanntmachung gerichteten Willen kundgegeben hat, und daß nach § 200, Abs. 2 die Bekanntmachung des Urteilstenors durch das Gericht von Amtswegen zu veranlassen ist, somit die Zusprechung der Publikationsbefugnis an den verstorbenen Beleidigten nicht als eine bloße Formalität anzusehen wäre.

Von dem eben erwähnten Falle abgesehen, erscheint die Zusprechung der Publikationsbefugnis nach dem Tode des Beleidigten auch dann als begründet, wenn von dessen amtlichem Vorgesetztem — sei es vor oder nach dem Tode des Beleidigten — auf Grund von § 196 St.-G.-B. Strafantrag gestellt, bezw. Privatklage (§ 414, Abs. 2 St.-P.-O.) erhoben worden ist. Im Falle der sogen. Beamtenbeleidigung ist nämlich — bei ausdehnender Auslegung des in § 200 St.-G.-B. gebrauchten Wortes „Beleidigter" — die Publikationsbefugnis im Hinblick auf das in Frage stehende öffentliche Interesse als eine derjenigen Behörde, welcher der Beleidigte zur Zeit der Beleidigung als Beamter, Religionsdiener oder Mitglied der bewaffneten Macht angehört hat, zu gewährende Genugtuung anzusehen[1]), weshalb die Zuerkennung der Befugnis an den Vorgesetzten von Leben oder Tod des beleidigten Beamten u. s. w. nicht abhängig sein kann.

Wie das Recht auf Zusprechung der Publikationsbefugnis so trägt auch das in § 200, Abs. 3 St.-G.-B. erwähnte, gleichfalls schon mit Eintritt der Beleidigung begründete Recht auf Erteilung einer Urteilsausfertigung auf Kosten des Schuldigen den Charakter eines höchstpersönlichen, nicht übertragbaren Rechtes, da durch die Erteilung der Urteilsausfertigung dem Beleidigten zu seinem persönlichen Gebrauche ein Ausweis über die Grundlosigkeit des gegen ihn gerichteten beleidigenden Angriffs in die Hand gegeben werden soll. Es ist demnach die Zulässigkeit der Erteilung einer Urteilsausfertigung nach dem Tode des Beleidigten für den Regelfall zu verneinen. Dagegen ist eine Ausnahme auch

---

[1]) Vergl.: Binding, Lehrb., Bes. Teil, Bd. 1, S. 163; Olshausen, § 200, N. 5) b); Rüdorff, § 200, N. 8; v. Schwarze, § 200, N. 10; RG. 14, S. 327, — 33, S. 396; RGRspr. 1, S. 360.

hier dann zu gewähren, wenn bei einer Beamtenbeleidigung seitens des amtlichen Vorgesetzten Strafantrag gestellt, bezw. Privatklage erhoben worden ist, da mit Rücksicht auf das beteiligte Interesse des öffentlichen Dienstes wie die Zusprechung der Publikationsbefugnis so auch die Erteilung einer Urteilsausfertigung an den amtlichen Vorgesetzten gerechtfertigt erscheint, deshalb von dem Leben oder Tod des beleidigten Beamten, (Religionsdieners oder Mitgliedes der bewaffneten Macht) nicht abhängig gemacht werden darf.

Zeitfracht Medien GmbH
Ferdinand-Jühlke-Straße 7
99095 Erfurt, Deutschland
produktsicherheit@kolibri360.de